Gabriele Klink

Schneiden, Falten & Kleben

66 Bastelaufgaben zur Förderung der Feinmotorik im Anfangsunterricht

PERSEN

Gabriele Klink ist eine erfahrene Grundschullehrerin im Ruhestand. Sie unterrichtete Sport, Schwimmen, Kunst und darstellendes Spiel.

Gedruckt auf umweltbewusst gefertigtem, chlorfrei gebleichtem und alterungsbeständigem Papier.

6. Auflage 2021

Grafik: Marion El-Khalafawi
Satz: DTP Studio Koch, Oberweißbach

www.persen.de

ISBN: 978-3-403-**23304**-6

Inhalt

Die Fingergeschicklichkeit

Immer wieder habe ich beobachtet, dass die feinmotorischen Fertigkeiten bei vielen Kindern in der 1. und 2. Klasse nicht genügend ausgebildet sind. Ob beim Malen, Schneiden, Kleben, Falten oder Schreiben – die Hände führen das „Handwerkszeug“ ungeübt und unsicher, und die Ergebnisse sind oft enttäuschend. Immer wieder höre ich Kommentare wie: „Ich bin ungeschickt.“ „Das ist mir zu schwer.“ „Ich kann das nicht.“ „Kunst ist doof.“
Doch Fingergeschicklichkeit ist eine wichtige Voraussetzung für das Erlernen der Kulturtechnik „Schreiben“. Das Trainieren der Fingerfertigkeit schult die Auge-Hand-Koordination – unverzichtbar für alle manuellen Tätigkeiten wie Schuhe zubinden, einen Reißverschluss zuziehen, am PC schreiben, Werkzeuge benutzen.
Um Kinder zum lustbetonten Trainieren der Fingergeschicklichkeit anzuregen, bedarf es einiger Tipps und Tricks:

☺ Für die Motivation der Kinder ist es wichtig, selbst von der Aufgabe begeistert zu sein, nur so kann die eigene Motivation auf die Schüler überspringen.

☺ Ein spannender Name für die zu bewältigende Aufgabe trägt zur Motivation bei.

☺ Das Anbieten von Gestaltungsfreiräumen schafft eine positive Einstellung zur Aufgabe. So fanden es meine Schüler besonders toll, wenn sie im Rahmen des Lehrplans an der Auswahl der Angebote beteiligt wurden und mit entscheiden durften. So ganz nebenbei erfuhren sie bei der Abstimmung etwas über Demokratie, lernten sich ein- und unterzuordnen, Meinungen zu hinterfragen und zu akzeptieren.

☺ Kleine Ausstellungen der fertigen Arbeiten sorgen dafür, dass die Kinder das Einzigartige an ihrer Arbeit sehen, neue Anregungen erhalten und stolz auf ihr Werk sind.

☺ Wichtig: Die Lehrkraft sollte die Bastelarbeit zuvor selbst erproben, um sie optimal vermitteln zu können.

Wie dieses Buch entstand

Die Ideen zu diesem Buch stammen aus über vierzig Jahren Unterrichtspraxis im In- und Ausland. Dazu beigetragen haben zum Beispiel Hauptschüler, die in meiner Klasse ein Praktikum absolvierten und sich dabei als sehr engagiert und kreativ zeigten. Die Grundschüler waren hellauf begeistert von den Ideen der Großen und fühlten sich durch deren Aufgaben herausgefordert, selbst eigene Ideen zu entwickeln und umzusetzen.
Eltern der Schüler, aber auch Kollegen brachten ihre Erfahrungsschätze in den Unterricht mit ein: in Elternkursen, im Kindergottesdienst und in ehrenamtlichen Einsätzen. Auch größere Geschwister der Schüler ließen sich durch meine Sammelfreude anstecken und steuerten zu dem Ideen-Fundus bei.
So entwickelte sich nach und nach eine reichhaltige Sammlung an motivierenden und kreativen Bastelarbeiten. Ich bin über die Ergebnisse sehr glücklich. Sie sind in dieses Buch eingeflossen. Alle Anregungen hätten allerdings den Rahmen gesprengt.
Das Resultat: ein Buch aus der Praxis – für die Praxis.

In meiner Klasse gab es während der Sammelphase zwei Wochenstunden Kunstunterricht. Dieser Tatsache und dem Einfallsreichtum der Schüler ist es zu verdanken, dass wir an zahlreichen Wettbewerben zum Thema Gemeinschaftsarbeiten im Kunstunterricht teilnehmen konnten und mit vielen Preisen bedacht wurden.

Integration und Inklusion

Ob Hochbegabte, Kinder mit Behinderungen, besonderem Förderbedarf oder mit nichtdeutscher Muttersprache – im Fach Kunst stehen die Chancen für alle gut. Gefragt sind hier Fantasie, Mut etwas Ungewöhnliches umzusetzen, Fingerfertigkeit und der geschickte Umgang mit dem entsprechenden Handwerkzeug. Ein Kind formulierte es einmal so: „Ich bin zwar im Lernen nicht so super, aber ich habe tolle Ideen in Kunst und Sport."
Nach jedem Unterrichtsblock werden alle entstandenen Arbeiten ausgestellt, besprochen und mit weiterführenden Tipps angereichert. Zum Schuljahresende krönt eine Abschlussausstellung diesen Unterrichtsbereich. Besonders gut eignen sich dafür Objekte, die in Gemeinschaftsarbeit entstanden sind. „Gemeinsam sind wir stark und unschlagbar" formulierte ein sechsjähriges Kind treffend.

Gestalten mit Papier

Eigenständiges Erproben und Umsetzen von fantasievollen Ideen gelingt mit Papier auf jede erdenkliche Weise.
Papier ist für mich ein besonders reizvolles Medium. Man kann es falten, zerknüllen, rollen, einschneiden, zerschneiden, wieder zusammenfügen, aus der Flächigkeit in plastische Formen bringen. Papier kann durch Luft bewegt werden: als Mobile oder Papierflieger.
Aber Papier speichert auch unsere Ideen und lässt Gedanken lebendig werden.

Fingerspiele

Fingerspiele machen auch Kindern im Grundschulalter noch viel Spaß. Sie sind aktivierend und lustbetont und bringen Bewegung in den Unterricht (und die Finger). Die Schüler erkunden dabei rhythmisch Sprache, sie erfahren Sprache durch feinmotorische Bewegungsabläufe mit ihren Sinnen. Auch Kinder mit Sprech- oder Sprachproblemen überwinden bei den meist gereimten Fingerspielen ihre Hemmungen und damit ihr Stottern oder Stammeln.
Nebenbei erweitern die Kinder ihren Wortschatz.
Die hier abgedruckten Fingerspiele sind im Unterrichtsalltag mit den Kindern entstanden.

Anregungen und Tipps für den Unterricht

Schablonen einsetzen

Schablonen sind hilfreich, wenn die ganze Klasse an einem Thema mitgestaltet. So wird ein ansprechendes Ergebnis garantiert, da nicht jeder Schüler seine eigene Form herstellt – in unterschiedlicher Größe und Gestalt.
Ich habe Schablonen allerdings auch immer als Anregung zum eigenen experimentellen Tun verstanden. Geübte Kinder zeichnen ihre Entwürfe auf Karton und schneiden diese zum Vervielfältigen aus. So können auch andere Schüler problemlos auf diese Schablonen zurückgreifen.
Schülern, die unsicher sind, geben Schablonen jedoch Sicherheit und ermöglichen ein Ergebnis, auf das sie am Ende voller Stolz blicken.
Als Material für wiederverwendbare Schablonen eignen sich die Rückseiten von Zeichenblocks und Kalendern sowie Verpackungsmaterial.
Auf Kreisschablonen wurde in diesem Buch bewusst verzichtet, da die Kinder stattdessen Gläser oder Teller verwenden können.

Im Anhang finden sich Blätter mit den benötigten Schablonen. Diese können bei Bedarf beim Kopieren vergrößert oder verkleinert werden.

Rationell zuschneiden (Mehrfachschnitt)

Immer dann, wenn mehrere gleiche Formen benötigt werden, bietet sich zeitsparendes rationelles Zuschneiden an. Das Papier wird dazu mehrfach aufeinandergelegt, sodass mit einem Schnitt gleich mehrere Formen hergestellt werden.

Spiegelbildliche Hälften

Bei spiegelbildlichen Kompositionsaufgaben faltet man das Papier in der Mitte. An die Faltkante angrenzend zeichnet man eine halbe Form (Baum, Herz, Mensch) auf und schneidet sie aus. So erhält man beim Aufklappen die komplette Form.

Farbiges Tonpapier oder anmalen?

Da viele Kinder ihre feinmotorischen Fertigkeiten noch trainieren müssen, kann statt farbiger Tonpapiere auch selbst bemaltes Papier verwendet werden. Für großflächiges Malen bieten sich Wachsmalstifte und Wasserfarben an.
Je nachdem, wie viel Zeit für die Arbeit investiert werden kann oder welche Schwerpunkte gesetzt werden sollen, entscheiden Sie sich für oder gegen das Fertigprodukt.

Ausstellen der fertigen Arbeiten

Die Bastelarbeiten sollten immer in einer Ausstellung gezeigt und besprochen werden – entweder im Klassenraum oder auf dem Schulflur. Es bieten sich an:

Mobile: Die Objekte werden frei schwebend aufgehängt – an Zweigen, Gymnastikreifen, Kleiderbügeln.

Wandfries: Die Arbeiten werden dicht an dicht nebeneinander an einer Wand befestigt.

Wandteppich: Alle Einzelarbeiten werden in Gemeinschaftsarbeit zusammengestellt und finden sich dann auf einem schön gestalteten Plakat wieder, schmücken Einladungen oder Glückwunschkarten, dekorieren den Tisch oder sind völlig zweckfrei, einfach aus Freude gestaltet.

Bastelarbeiten zu Feiertagen

Auf den Seiten 24, 35, 36, 41, 44, 45 finden Sie Gestaltungsideen für die Oster- und Weihnachtszeit sowie für den Muttertag.

Anregungen und Tipps zu den Materialien

Papier & Co.

Für das erste kreative Gestalten und Experimentieren eignen sich kostenlose Materialien wie alte Kataloge und Kalender, Verpackungsmaterial, Zeitschriften, Werbeflyer, Tapetenreste und gebrauchtes Geschenkpapier.
Dabei entdecken die Schüler unterschiedliche Papiersorten und -stärken. Sie erfahren, dass Papier sogar klingen kann, wenn man es zusammenknüllt und wieder auseinanderzieht, wenn es zerrissen oder durch die Luft geschwungen wird.

Scheren

Es gibt Kinder-, Bastel-, Silhouetten- und sogar Zackenscheren. Für das Schneiden von Papier und Karton eignen sich Bastelscheren gut. Für Linkshänder gibt es spezielle Linkshänder-Scheren.

Klebemittel

Klebestifte sind gut zum Kleben von Papier u. Ä. geeignet. Allerdings sind sie nicht preisgünstig und wenn der Stift nicht gleich verschlossen wird, trocknet er schnell ein.
Leere Marmeladengläser sind ein idealer Aufbewahrungsort für die Klebestifte und ihre Verschlüsse. So rollen sie nicht davon und die Kappen gehen nicht verloren.
Preisgünstiger ist allerdings selbst angerührter Kleister. In verschlossenen Marmeladengläsern bleibt er monatelang haltbar. Er hinterlässt keine Flecken, trocknet nicht schnell ein und man kann ihn gut mit der Fingerkuppe oder dem Pinsel auftragen. Mit ihm kann man Objekte an Fensterscheiben kleben und anschließend problemlos wieder ablösen.
Für das Kleben von Folien benötigt man Flüssigkleber.

Weitere Materialien

Zum Verzieren der Objekte bieten sich Materialien wie Wolle, Stoff, Schnur, Pfeifenputzer, Alu-Folie oder Watte an.

Techniken – kurz erklärt

Faltschnitt

Aus einem mehrfach zusammengefalteten Papierstreifen an einer Faltkante ein halbes Motiv ausschneiden. Durch Auseinanderklappen entsteht ein fortlaufendes Motiv-Band.

Deckchen-Faltschnitt

Quadratisches Papier erst zum Rechteck, Quadrat, dann zum Dreieck falten und an den Rändern und in der Mitte kleine Formen herausschneiden. Anschließend aufklappen – es entstehen faszinierende Unikate. Exaktes Schneiden ist dabei wichtig.

Klappschnitt

Am Papierrand Formen ausschneiden und sie spiegelbildlich nach außen klappen. Auf Papier geklebt erhält man so z. B. schöne Einladungskarten. Exaktes Schneiden ist dabei wichtig.

Mehrfachschnitt

Das Papier quer hinlegen und in gleich breite Streifen zerschneiden.
Mehrere Streifen aufeinanderlegen und Quadrate, Rechtecke oder Dreiecke abschneiden.
Für die Herstellung von Kreisen faltet man die Papierstreifen in der Mitte (2- oder 3-mal wiederholen).
Mit dem Bleistift wird ein das Format füllender Kreis aufgezeichnet und ausgeschnitten.
Tipp: Für ein Mosaik die Teile nach Farben getrennt in Behältern sammeln.

Mosaik

Aus kleinen Einzelteilen wie Quadraten und Dreiecken werden Bilder zusammengefügt.

Reißen

Reißen erzeugt unregelmäßige, gezackte Ränder, die feine Schatten werfen. Diese Technik fördert besonders die Hand- und Fingergeschicklichkeit. Die Kinder lernen hiermit eine neue Bearbeitungstechnik von Papier kennen. Reißarbeiten aus zusammengesetzten Einzelteilen ergeben schöne Möglichkeiten für Wandschmuck.

Scherenschnitt

Aus dunklem Papier Formen herausschneiden und diese auf helles Papier kleben (oder umgekehrt).

Silhouettenschnitt

Die reine Umrissform ausschneiden – ohne Einzelheiten.

Spiralschnitt

Aus dem Papier wird von außen nach innen – ohne abzusetzen – eine ganz lange Spirale geschnitten. Es können auch rechteckige „Spiralen“ geschnitten werden oder man wechselt beim Schneiden immer die Richtung (hin und zurück).

Trennschnitt

Eine Form zuschneiden und anschließend an bestimmten Stellen auseinanderschneiden. Die Einzelteile auseinanderschieben und auf Lücke aufkleben.

Verformen

Das Material biegen, falten, rollen, knüllen oder wellen. So entstehen ganz unterschiedliche Formen wie z.B. Zylinder, Hütchen, Kegel. Es entsteht eine plastische Wirkung.

Mix aus verschiedenen Techniken

Unterschiedliche Techniken der Papiergestaltung können miteinander verknüpft werden. Experimentelles Arbeiten ohne festes Ziel macht Kindern besonders viel Spaß.

Fachbegriffe – kurz erklärt

Asymmetrie

Bei der Asymmetrie werden die Formen frei angeordnet.

Ornament

Ein Ornament ist ein sich wiederholendes, oft abstraktes oder abstrahiertes Muster.
Man findet Ornamente z. B. auf Stoffen, Tapeten oder an Bauwerken.

Proportion

Den Begriff Proportion gibt es hauptsächlich in der Architektur und auf den menschlichen Körper bezogen.
Er bedeutet Verhältnismäßigkeit. Alle Teile werden zueinander in Beziehung gesetzt und ergeben im Idealfall Harmonie.

Reihung

Die Reihung zeigt ein größtes Maß an Ordnung.
Einer Reihengestaltung liegen Formen zugrunde, die durch regelmäßiges Wiederholen (aneinandergereiht auf einer Linie) ein vollkommenes Gleichmaß erreichen.

Stilisierung

Unter Stilisierung versteht man die abstrahierende Reduktion einer detaillierten oder naturgetreuen Vorlage hin zu einem einfachen Muster mit hohem Wiedererkennungswert.

Symmetrie

Formen werden gleichmäßig um eine gedachte Spiegelachse angeordnet. Beide Seiten sind deckungsgleich.

Partner-Spiele

Fünf Finger

Fünf Finger, gar nicht dumm,	*Fünf Finger zeigen.*
sie tanzen rundherum.	*Fünf Finger tanzen auf und nieder, rundherum.*
Der Daumen heißt Schrumm-schrumm.	*Partnerdaumen und eigener Daumen spielen zusammen.*
Der Zeigefinger lacht sich krumm.	*Zeigefinger wackelt auf und nieder.*
Der Mittelfinger verbeugt sich stumm.	*Mittelfinger verbeugt sich steif.*
Der Ringfinger tippt plum-plum.	*Ringfinger tippt auf Tisch.*
Und der Kleine kitzelt dich wie dumm.	*Der kleine Finger läuft kitzelnd über Arme, Kopf und Hals des Partners.*

Das Spinnentier

Das Spinnentier, das Spinnentier,	*Jede Spielhand hat fünf Spinnenbeine.*
was will es denn bloß heut von dir?	*Die Krabbelbeine machen Bewegungen:*
Es will dich zwicken,	*jemanden zärtlich zwicken,*
es will dich zwacken,	*jemanden die Haare zerzausen,*
es will dich necken,	*dicht vor dem Gesicht herumhampeln,*
es will sich verstecken,	*unter dem Pulli, hinter Rücken verstecken,*
es will sich drehen,	*drehen, tanzen, zappeln,*
es will über den Arm gehen,	*den Partnerarm hinaufkrabbeln,*
es will deine Nase kitzeln –	*die Partnernase berühren, antippen,*
und verschwindet unter deiner Armritze.	*unter der Achsel verschwinden lassen.*

Zehn kleine Fingerlein

Zehn kleine Fingerlein	*Mit zehn Fingern zuerst ganz langsam*
wollen heute übermütig sein.	*dem Partner über die Beine krabbeln,*
Sie krispeln und kraspeln,	*dann immer schneller werdend über die Arme bis*
sie schlipseln und schlapseln,	*zur Kitzel-Attacke an Bauch, Rücken usw.,*
mal rauf und mal runter,	*schnell über den Arm*
sie treiben's immer bunter:	*hinauf und hinunter,*
von den Fußspitze	*von der Fußspitze über das Partnerbein hinauf,*
hinauf zur Nasenspitze,	*über die Nase bis zur Stirn.*
ganz langsam, jetzt ganz schnell	*Dann langsam oder schnell in beliebiger Reihenfolge,*
und rundherum wie ein Karussell!	*bis alles in Quietschen und Lachen endet.*

Streit-Hände (auch in der Kleingruppe zum Dosieren des Krafteinsatzes)

Wer macht Quatsch?	*Partnerhände machen Quatsch,*
Wer verbreitet Tratsch?	*sie verschlingen sich ineinander,*
Wer ärgert mich denn da?	*sie schubsen sich gegenseitig weg,*
Deine Hand, das ist nicht wahr!	*eine Hand droht der anderen Hand,*
Deine Hand ist auch nicht fair,	*sie beginnen sich leicht zu schlagen,*
jetzt schlagen sie sich sogar sehr.	*klatschen gegenseitig in die Hände.*
Oh weh, wie das klatscht!	*Eine Hand verschwindet beleidigt,*
Oje wie das patscht!	*die andere Hand verschwindet beleidigt.*
Jetzt ist genug, ich mag nicht mehr,	*Eine Hand kommt hervor,*
lass uns friedlich sein, bitte sehr!	*die andere Hand kommt hervor,*
Wir wollen uns vertragen	*sie geben sich die Hände*
und uns nie wieder schlagen.	*und streicheln sich gegenseitig die Handrücken.*

Klassenspiele (Pantomime)

Unsere Hände, welch ein Glück

Unsere Hände – schaut wie geschickt! Was die alles können, welch ein Glück!
Sie können gleichzeitig etwas rechts und links machen. Wenn sie uns kitzeln, müssen wir lachen.

Sie können Haare flechten und waschen oder verstecken heimlich etwas in unseren Taschen.
Sie können geschickt die Schuhe binden und sogar den Lichtschalter im Dunkeln finden.

Sie malen bunte Bilder, können Briefe schreiben und am Abend müde die Augen reiben.
Sie schneiden mit der Schere kreuz und quer – das fällt unseren Händen gar nicht schwer!

Sie können basteln, kleben, weben, Limonade einschenken, dem Baby den leckeren Brei geben.
Sie können sich gut hinter dem Rücken verstecken und blitzschnell dann den Nachbarn necken.

Sie schlagen die Trommel laut und geschickt, spielen Geige und Flöte – die Eltern sind entzückt.
Sie können sich streiten oder Frieden schließen, sich bedanken oder die Pizza genießen.

Sie sind immer bei uns, was sind sie geschickt: unsere Hände, unser bestes Stück!

Lied der Hände

Meine Finger, meine Finger, sind gar lustig kleine Dinger. Fünf hab ich an jeder Hand.

1. Sie können klatschen: klapp – klapp – klapp, klapp – klapp – klapp!
2. Sie können zappeln: schlipp – schlapp – schlupp, schlipp – schlapp – schlupp!
3. Sie können tanzen: eins – zwei – drei, eins – zwei – drei!
4. Sie können klopfen: poch – poch – poch, poch – poch – poch!
5. Sie können mahnen: du – du – du, du – du – du!
6. Sie können schneiden: schnipp – schnipp – schnapp, schnipp – schnipp – schnapp!
7. Sie können zwicken: Lass das sein, lass das sein!
8. Sie können schimpfen: Nein – nein – nein, nein – nein – nein!
9. Sie können winken: Komm herein, komm herein!
10. Sie können patschen: pitsch – patsch – putsch, pitsch – patsch – putsch!
11. Sie können schreiben: O wie fein, o wie fein!

Tipp:

☺ Die Schüler denken sich die dazugehörigen Bewegungen und eine Melodie aus. Sie erfinden vielleicht noch weitere Verse. Die Texte prägen sich leicht ein und können einzeln oder in der Gruppe gesprochen und dargestellt werden. Die Klasse ist danach wieder ganz konzentriert. Das Fingerspiel eignet sich auch gut zum Vorspielen (Elternmittag, Fest, Klassenbesuch).

Tisch- und Partnerspiel

Zehn kleine Zappelfinger

Wir sind die zehn Zappelfinger und schrecklich neugierige Dinger.	*Wild zappeln, ruckartige Bewegungen mit zwei Fingern machen.*
Wir rennen hin und rennen her, denn rennen fällt uns gar nicht schwer.	*Durcheinander zappeln, bei „schwer" stillhalten.*
Wir zappeln rauf und zappeln runter, da wird der Faulste plötzlich munter.	*Eine Hand beginnt oben, die andere unten, alle Tischhände zappeln durcheinander.*
Wir rennen mäuseflink umher, begegnen wir uns, grüßen wir uns sehr.	*Alle Tischhände wuseln durcheinander. Immer zwei Finger berühren sich.*
Struwwelig machen, finden wir lustig und fein, ziehen am linken Ohr, auch das muss sein.	*Partnerhaare durcheinander bringen, Linkes Partnerohr vorsichtig zupfen.*
Wir stupsen den anderen in die Seite nun, um uns unter dem Shirt etwas auszuruhn.	*Partner behutsam stupsen, Hände verschwinden unter dem eigenen Shirt.*
Ein Schläfchen tut uns nun allen gut, doch dann sind wir wieder ausgeruht.	*Schnarchgeräusche machen, Finger einzeln unter dem Shirt herschauen lassen.*
„Hallo Leute, geht es euch gut? Kommt heraus, habt neuen Mut!"	*Gemeinsam rufen. Alle Finger tanzen auf dem Tisch.*
Lasst uns wie die Piraten fechten, mutig nun, gegen den Nachbarn, den rechten.	*Mit den Fingern fechten, Spiel mit dem rechts sitzenden Partner.*
Da tauchen dunkle Wolken auf, das Unwetter kommt, nimmt seinen Lauf.	*Zum Himmel schauen, Finger still halten. Finger trommeln leise, dann lauter und schneller.*
Der Sturm heult wie ein Räubersmann, er reißt Bäume aus, oh, wie er das kann!	*Finger trommeln wild und machen Sturmgeräusche. Finger trommeln, Füße trampeln, Sturmgeheul machen.*
Dann ist der Spuk vorbei, Ruhe kehrt ein. Kommt, lasst uns wieder Zappelfinger sein.	*Alle Geräusche werden leiser, verstummen ganz. Finger tanzen lautlos durch die Luft.*
Wir sind zehn Zappelfinger und schrecklich neugierige Dinger.	*Finger tanzen durcheinander, dabei leise kichern. Ruckartige Bewegungen mit zwei Fingern.*
Lasst uns nun nach Hause gehn – tschüss bis morgen, auf Wiedersehn!	*Alle Hände nach und nach auf den Tisch legen. sich stumm zuwinken.*

Blatt lustvoll zerschneiden (Experimentierphase)

*Wie halte ich die Schere, wie schneide ich,
und vor allem, wie halte ich das Papier?*

Hier können die Kinder die Schere ausprobieren ohne eine konkrete Arbeitsvorgabe.
Beobachten Sie die Kinder bei ihrer Tätigkeit und geben Sie bei Bedarf gezielte Tipps oder zeigen Sie, wie es geht. Begründen Sie auch, warum es so am besten geht.
Das richtige Halten des Papiers muss eventuell angeregt werden: Der Daumen liegt oben auf dem Papier, die anderen Finger halten das Papier von unten fest. Jedes Kind erkennt rasch, welche Handhaltung das Schneideergebnis wesentlich verbessert.

Schnipp-schnapp (Experimentierphase)

Das Papier beliebig in Streifen zerschneiden: diagonal, von der unteren zur oberen Ecke, Ecken abschneiden, Papier kurvig oder gezackt zerschneiden. Ränder ringsherum einschneiden oder Teile herausschneiden.

Tipp:

☺ Unterschiedliche Papiere, Pappe, Stoff erproben.

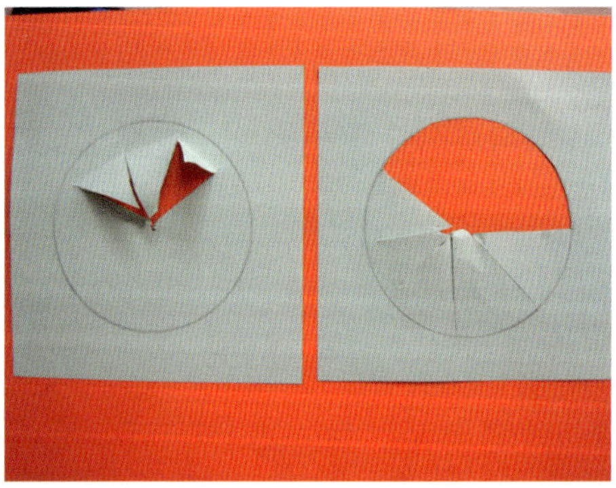

Wie schneide ich ein Loch in das Papier?

Beispiel: Der Elefant soll ein Fingerloch zum Spielen erhalten.
Mit der Scherenspitze (Bleistiftspitze) erst ein Loch hineinbohren.
Nun strahlenförmig innerhalb der Lochgröße von innen nach außen schneiden.
Dann einen sauberen Kreis herausschneiden.

Wie komme ich mit der Schere in Winkel?

Eine Herzform hat oben einen sehr spitzigen, engen Winkel.
Um beim Ausschneiden nicht das Blatt einzureißen, wird die Schere abgesetzt und von außen nach innen hineingeschnitten.
Nun gelingt es spielend, die Form exakt auszuschneiden.

Zeitungspapier-Schlange

Technik
Schneiden *Spiralschnitt*

Schwierigkeit 1

Material
Zeitungspapier, Schere, Maßband

Und so wird's gemacht

1. Die Kinder schneiden aus einer Zeitungsseite von außen nach innen – ohne abzusetzen – eine ganz lange Spirale.
   Anschließend messen die Kinder, wessen Schlange am längsten ist.

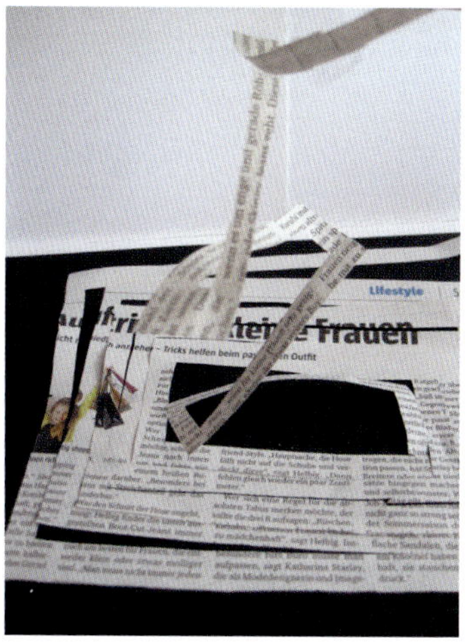

Varianten

☺ Die Kinder schneiden eine rechteckige „Spirale".

☺ Sie ändern beim Schneiden ständig die Richtung (hin und zurück).

☺ Statt zu schneiden reißen die Kinder das Papier.

Tanzende Spiralen

Technik
Schneiden *Spiralschnitt*

Schwierigkeit 1

Material
Bunter Pappteller, Klebefilm, Faden, Schere

Und so wird's gemacht

1. Die Kinder schneiden in den Pappteller von außen nach innen eine dünne Spirale.
2. Sie befestigen einen Faden mit Klebefilm am Anfang oder am Mittelstück der Spirale und hängen sie über einem Heizkörper frei schwebend auf.

Durch die aufsteigende Wärme tanzt die Spirale in der Luft.

Katze Kringelschwanz

Technik

Schneiden *Spiralschnitt*, Kleben

Schwierigkeit 2

Material

Tonpapier, Schere, Wachsmalstifte, Woll- oder Bindfaden, Klebstoff, Klebefilm, evtl. Schablone „Katze“ (Blatt 1)

Und so wird's gemacht

1. Die Kinder schneiden aus dem Tonpapier drei große miteinander verbundene Kreise, die untereinander angeordnet sind, oder sie bekommen die Schablone „Katze“ zur Herstellung der Form.
2. Sie gestalten den oberen Kreis zum Kopf: Er erhält ein lustiges Gesicht, zwei Ohren und Barthaare aus dünnen Papierstreifen.
3. Der mittlere Kreis wird der Bauch, der untere Kreis wird von außen nach innen spiralförmig geschnitten – so dünn wie möglich – dann kringelt er sich nach unten.
4. Zum Schluss befestigen die Kinder mit Klebefilm einen Faden am Kopf.

Tipp

☺ Alle Katzen werden an einem Zweig, einem Reifen oder einem langen Seil aufgehängt.

Anakonda, die Riesenschlange

Technik
Schneiden *Spiralschnitt*

Schwierigkeit 2

Material
Festes weißes Papier, Bleistift, Wachsmalstifte, Schere, Buntstifte, Klebstoff, evtl. Schablone „Schlangenkopf“ (Blatt 2), evtl. bunter Pappteller

Und so wird's gemacht

1. Die Kinder zeichnen einen großen Schlangenkopf mit offenem Maul und zischender Zunge auf das Papier, evtl. mithilfe der Schablone.
2. Sie zeichnen einen großen Kreis an den Kopf (oder sie kleben später einen Pappteller daran).
3. Sie malen den Kopf und den Kreis von beiden Seiten an.
4. Die Gesamtfigur wird ausgeschnitten. Den Kreis (Pappteller) schneiden sie in einer dünnen Spirale von außen nach innen zum Schlangenkörper.

Tipp

☺ Alle Schlangen werden an einem Zweig, einem Reifen oder einem langen Seil aufgehängt.

Varianten

☺ Auch Affen oder Mäuse haben sehr lange Schwänze und eignen sich daher für den Spiralschnitt.

☺ Die Kinder können eigene Fantasietiere erfinden und gestalten.

3. 1 Schneiden – Der Mehrfachschnitt

Seerosen aus Seidenpapier

Technik
Schneiden *Mehrfachschnitt*, Tackern

Schwierigkeit 1

Material
Seidenpapier in verschiedenen Farben,
Schere, Tacker, Papier für den Untergrund

Und so wird's gemacht

1. Die Kinder schneiden aus Seidenpapier im Mehrfachschnitt Kreise in unterschiedlichen Größen aus.
2. Sie legen mehrere Kreise in unterschiedlichen Farben übereinander und tackern sie in der Mitte zusammen.
3. Anschließend ordnen sie sie auf dem Untergrund einzeln oder in Gruppen als Seerosen an.
4. Zum Schluss biegen sie die einzelnen Blattschichten nach oben.

Blick aus dem Weltraum

Technik
Schneiden *Mehrfachschnitt*, Kleben

Schwierigkeit 1

Material
Tonpapier für den Untergrund (DIN A5 oder DIN A4)
Papier in verschiedenen Farben, Schere, Kleister, Pinsel

Und so wird's gemacht

1. Die Kinder schneiden im Mehrfachschnitt Quadrate, Rechtecke oder Kreise in unterschiedlichen Größen aus.
2. Sie ordnen die Formen auf dem Untergrund beliebig einzeln oder in Gruppen als Gebäude an.
3. Anschließend bestreichen sie die Ränder der Formen dünn mit Kleister und kleben sie auf den Untergrund.

Tipps

☺ Zwischen den einzelnen Gebäuden lassen die Kinder Wege und Plätze frei.

☺ Beim Gestalten experimentieren sie, bis ihnen der Blick aus dem Weltraum stimmig erscheint.

Drachen-Versammlung

Technik

Schneiden *Mehrfachschnitt*, Kleben

Schwierigkeit 2

Material

Transparentpapier in verschiedenen Farben, Bleistift, schwarzer Filzstift, Schere, Klebstoff, Tonpapier für den Untergrund, Schablone „Drache“ (Blatt 2)

Und so wird‘s gemacht

1. Die Kinder legen mehrere verschiedenfarbige Stücke Transparentpapier übereinander.
2. Sie legen die Drachenschablone darauf und übertragen die Umrisse.
3. Sie schneiden die Form im Mehrfachschnitt aus.
4. Anschließend ordnen sie ihre Drachen auf dem Untergrund an und kleben sie so auf, dass sie sich zum Teil überlappen.
5. Für die Augen schneiden sie noch kleine Kreise aus Transparentpapierresten und kleben sie auf oder sie zeichnen sie mit Filzstift ein.

Tipp

☺ Die Kinder schneiden Wolken oder Gras aus Transparentpapier und gestalten so den Untergrund.

Das gefräßige Krokodil vom Nil

Technik

Schneiden *Mehrfachschnitt*, Kleben

Schwierigkeit 2

Material

Grünes, gelbes und rotes Tonpapier, Schere, Kleister, Pinsel, andersfarbiges Tonpapier für den Untergrund

Und so wird’s gemacht

1. Die Kinder schneiden im Mehrfachschnitt Dreiecke in unterschiedlichen Größen aus.
2. Sie ordnen die Dreiecke zu einem Krokodil an.
3. Mit Kleister zeichnen sie das Krokodil auf dem Untergrund vor.
4. Am Kopf beginnend kleben sie die Dreiecke auf.

Variante: Fensterbild

☺ Für ein Fensterbild verwenden die Kinder Transparent- oder Seidenpapier. Sie kleben die einzelnen Dreiecke entweder auf Lücke, sich berührend oder überlappend auf.

Kreis begegnet Dreiecken (1)

Technik

Schneiden *Mehrfachschnitt*, Kleben

Schwierigkeit 2

Material

Papierquadrate (ca. 10 cm x 10 cm) in einer dunklen Farbe,
Tonpapier in verschiedenen Farben, Schere, Klebstoff

Und so wird's gemacht

1. Die Kinder schneiden im Mehrfachschnitt Kreise und unterschiedlich geformte Dreiecke in verschiedenen Größen und Farben aus.
2. Auf jedes Papierquadrat legen sie zunächst den Kreis. Sie ordnen die Dreiecke so an, dass sie entweder mit ihrer Spitze auf den Kreis oder von ihm weg zeigen. Sie können den Kreis dabei auch berühren.
3. Wenn sie mit ihrem Ergebnis zufrieden sind, kleben sie die Formen auf.
   Wichtig ist, dass die Kinder jedes Quadrat unterschiedlich gestalten.

Kreis begegnet Dreiecken (2)

Technik

Kleben

Schwierigkeit 2

Material

Tonpapier (A3), Kleister, Pinsel

Und so wird's gemacht

Die oben gestalteten Quadrate (Kreis begegnet Dreiecken) werden auf einem großen Tonpapier als Plakat angeordnet.
Dabei sollten auch Gruppen oder ungewöhnliche Reihen gebildet werden.
Die einzelnen Quadrate können zu mehreren als große Quadrate angeordnet werden oder als auf der Spitze stehende Quadrate. Sie können als Rechtecke, im Kreis oder sternförmig aufgeklebt werden.
Der Fantasie sind hierbei keine Grenzen gesetzt!

Tipp

☺ Bevor die einzelnen Quadrate endgültig aufgeklebt werden, experimentieren die Kinder mit den verschiedenen Möglichkeiten.
Sie begutachten die jeweilige Lösung und besprechen sie.

Eule auf dem Zweig

Technik
Schneiden *Mehrfachschnitt*, Kleben

Schwierigkeit 3

Material
Tonpapier, Bleistift, Schere,
Klebstoff, Zweig,
evtl. Schablone „Eule“ (Blatt 3)

Und so wird’s gemacht

1. Die Kinder zeichnen die Eiform für den Körper auf oder übertragen die Umrisse der Schablone.
2. Sie zeichnen die Flügel, Ohren, Augen, Füße und den Schnabel auf.
   Die Teile, die zweimal benötigt werden, schneiden sie im Mehrfachschnitt aus.
3. Sie schneiden die Zackenstreifen für den Bauch aus.
4. Nun kleben sie alle Teile zusammen und befestigen ihre Eule an einem Zweig.

Variante

☺ Die Federn am Bauch mit einem dünnen Filzstift zeichnen.

Reise zu den Wolken

Technik
Schneiden *Mehrfachschnitt*, Falten, Kleben

Schwierigkeit 3

Material
Weißes Papier, Buntpapierreste, Bleistift, Wollreste, Schere, Buntstifte oder Farbkasten und Pinsel, Filzstift, Klebstoff, Faden, Tacker, Papier für den Untergrund, Watte

Und so wird's gemacht
Gemeinschaftsarbeit:

1. Zunächst malen die Kinder das Untergrundpapier als blauen Himmel an.
2. Sie legen mehrere Stücke Gestaltungspapier aufeinander und zeichnen einen Kreis auf das oberste Papier. Sie schneiden die Kreise im Mehrfachschnitt aus.
3. Die Kinder malen die Kreise bunt an.
4. Anschließend legt jedes Kind die Kreise wieder aufeinander und tackert sie in der Mitte zusammen.
5. Dann werden die Papierschichten zum plastischen Ballon aufgefaltet und der Ballon auf den Untergrund geklebt.
6. Für die Körbe schneiden die Kinder Rechtecke aus dem Papier und malen sie an.
7. Sie falten das Rechteck an den beiden Schmalseiten zweimal um und kleben den „Korb" unterhalb ihres Ballons auf den Untergrund.
8. Aus Buntpapierresten schneiden sie noch die Fahrgäste aus und kleben sie in den Korb.
9. Die Kinder verbinden den Korb mit dem Ballon, indem sie einige gleich lange Wollfäden aufkleben.
10. Zum Schluss kleben sie noch einige Wattebäusche als Wolken an den Himmel.

3. 1 Schneiden – Der Trennschnitt

Formen-Salat

Technik

Schneiden *Trennschnitt*, Kleben

Schwierigkeit 1

Material

Alte Kalenderblätter, Schere, Klebstoff, weißes oder schwarzes Papier für den Untergrund

Und so wird's gemacht

1. Die Kinder zerschneiden ein Kalenderblatt in verschiedene Streifen: gerade, gewellt, im Zickzack, bogenförmig …
2. Sie legen die abgeschnittenen Streifen sofort auf ihren Untergrund.
3. Anschließend kleben sie alle Streifen auf Lücke auf.

Ein munterer Fisch

Technik

Schneiden *Trennschnitt*, Kleben

Schwierigkeit 2

Material

Farbiges Tonpapier oder Scherenschnittpapier, Bleistift, Schere, Klebstoff, Tonpapier für den Untergrund in kontrastierender Farbe, evtl. Schablone „Fisch" (Blatt 4)

Und so wird's gemacht

1. Die Kinder zeichnen den Umriss einer Fischform auf – evtl. mithilfe der Schablone.
2. Die Form wird ausgeschnitten und dann an mehreren Stellen auseinandergeschnitten.
3. Die Kinder legen die einzelnen Teile auf Lücke wieder zum Fisch und kleben sie auf den andersfarbigen Untergrund.

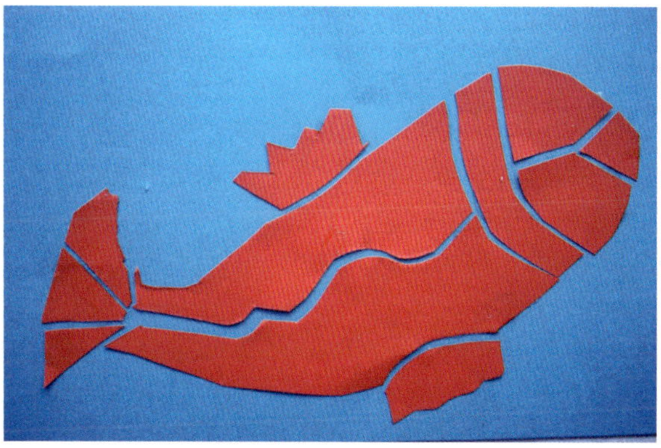

Variante

☺ Alle einfachen Formen eignen sich für den experimentellen Trennschnitt, z. B. Vogel, Haus, Schneemann.

Weihnachtliche Klapp-Karte

Technik
Schneiden *Klappschnitt*, Kleben

Schwierigkeit 2

Material
Tonpapierkarten in Weiß und Schwarz, Bleistift, Schere, Klebstoff

Und so wird's gemacht

1. Die Kinder schneiden aus der schwarzen Tonpapierkarte einen rechteckigen Streifen.
2. Sie überlegen sich ein einfaches weihnachtliches Motiv, z. B. eine brennende Kerze, und schneiden an der Seite die halben Formen heraus.
3. Sie kleben den schwarzen Streifen auf die weiße Karte.
4. Nun legen sie die ausgeschnittenen Teile spiegelbildlich an die Lücken und kleben sie auf.

Plastischer Klappschnitt

Technik
Schneiden *Klappschnitt*, Falten

Schwierigkeit 2

Material
Papier, Schere

Und so wird's gemacht

1. Die Kinder falten ein Stück Papier in der Mitte.
2. Sie schneiden an der Bruchkante einfache Formen ein: Rechtecke, Dreiecke, Halbkreise, ohne sie ganz herauszuschneiden.
3. Nun falten sie diese Formen nach innen oder außen. Sie können sie auch an der Faltkante aufschneiden und aufklappen.

Es entstehen interessante plastische Objekte!

Hell-Dunkel-Komposition

Technik
Schneiden *Klappschnitt*, Kleben

Schwierigkeit 3

Material
Helles und dunkles Papier, Untergrundpapier, Schere, Klebstoff

Und so wird's gemacht

1. Die Kinder schneiden helles und dunkles Papier in gleich lange und gleich breite Streifen.
2. Sie legen einen hellen und einen dunklen Streifen aufeinander und schneiden beliebige einfache Formen heraus.
3. Sie legen die Streifen auf den Untergrund – einen hellen an einen dunklen – und kleben sie fest.
4. Die ausgeschnittenen Teile kleben sie auf die Streifen – immer so, dass sich ein Hell-Dunkel-Kontrast ergibt. Dabei experimentieren sie.

Tipp

☺ Die fertigen Kompositionen werden auf ein andersfarbiges Papier geklebt und so zum Gesamtkunstwerk zusammengefügt (siehe Foto).

3. 1 Schneiden – Der Faltschnitt

Schmetterling

Technik
Schneiden *Faltschnitt,* Kleben

Schwierigkeit 1

Material
Weißes Papier, Bleistift, Bunt- oder Wachsmalstifte, Schere, Faden, Klebstoff, Schablone „Schmetterling" (Blatt 5)

Und so wird's gemacht

1. Die Kinder falten das Papier in der Mitte, legen die Schablone an die Faltkante und übertragen die Umrisse.
2. Sie schneiden die Form aus.
3. Die falten den Schmetterling auf und bemalen ihn schön bunt.
4. Mit etwas Klebstoff befestigen sie den Faden in der Körpermitte, sodass die Schmetterlinge in der Klasse aufgehängt werden können.

Deckchen-Faltschnitt

Technik
Schneiden *Deckchen-Faltschnitt*, Falten, Kleben

Schwierigkeit 1

Material
Farbiges Tonpapier, Bleistift, Schere, Klebstoff

Und so wird's gemacht

1. Die Kinder schneiden zwei Tonpapierquadrate zu (ca. 9 cm x 9 cm) zurecht: für den Untergrund und für das Muster.
2. Sie falten ein Quadrat zum Rechteck, dann zum kleinen Quadrat.
3. Sie zeichnen an den Rändern kleine Formen auf.
4. Anschließend schneiden sie die Formen heraus.
5. Sie kleben das Musterquadrat auf den andersfarbigen Untergrund.

3. 1 Schneiden – Der Faltschnitt

Bunte Blüten

Technik
Schneiden *Deckchen-Faltschnitt*, Falten, Kleben

Schwierigkeit 2

Material
Seidenpapier oder Transparentpapier, Schere, Klebstoff

Und so wird's gemacht

1. Die Kinder schneiden aus dem Papier im Mehrfachschnitt unterschiedlich große Kreise aus.
2. Sie legen mehrere Kreise der Größe nach geordnet aufeinander und falten die Kreise dreimal: erst zum Halbkreis, dann zum Viertel- und Achtelkreis.
3. An allen drei Seiten schneiden sie kleine Teile heraus.
4. Sie falten die Kreise wieder auseinander und kleben sie der Größe nach (der größte liegt unten) mittig aufeinander.

Tipps

☺ So entsteht eine schöne Blumenwiese: Die fertigen Blüten werden auf ein großes Stück grünen Tonkarton geklebt.

☺ Die Blüten dienen als Tischdekoration.

Blumenstrauß

Technik
Schneiden *Deckchen-Faltschnitt*, Falten, Kleben

Schwierigkeit 3

Material
Transparentpapier, Schere, Klebstoff, evtl. Tonpapier, helles Papier für den Untergrund

Und so wird's gemacht

1. Die Kinder schneiden im Mehrfachschnitt mehrere Quadrate in unterschiedlichen Größen und Farben aus dem Transparentpapier.
2. Sie falten jedes Quadrat zweimal in der Mitte.
3. Dann schneiden sie an den Rändern kleine Teile heraus.
4. Die fertigen Quadrate kleben sie überlappend aufeinander. So ergeben sich schöne Farbmischungen.
5. Für die Blütenstängel und die Blätter schneiden die Kinder die entsprechenden Formen aus dem Transparent- oder Tonpapier.
6. Sie ordnen alles zusammen auf dem Untergrund an und fügen es durch Kleben zu einem schönen Blumenstrauß zusammen.

3. 1 Schneiden – Der Silhouetten- und Scherenschnitt

Tast-Objekte

Technik
Schneiden *Silhouettenschnitt*

Schwierigkeit 1

Material
Karton oder Moosgummi, Schere, evtl. Schablonen „Tast-Objekte“ (Blatt 6)

Und so wird's gemacht
1. Die Kinder stellen selbst Schablonen für Tast-Objekte her oder bekommen die Schablonen.
2. Die Kinder übertragen die einfachen Formen auf Karton oder Moosgummi.
3. Sie schneiden die Formen aus.

Spiel
Die Tast-Objekte werden unter ein Tuch gelegt.
Die Kinder sollen nur durch Ertasten erraten, um welche Form es sich jeweils handelt.

Laternen-Lauf

Technik
Schneiden *Scherenschnitt*, Kleben

Material
Scherenschnittpapier, Schere, Kleister, Pinsel, helles Papier für den Untergrund

Schwierigkeit 2

Und so wird's gemacht
Gruppenarbeit:
1. Die Kinder schneiden aus dem Scherenschnittpapier – ohne vorzuzeichnen – Häuser, Bäume, Kinder, Tiere, Wolken, Mond und Sterne zu. Jedes Kind trägt natürlich eine Laterne in der Hand. Dabei können die einzelnen Motive auch aus geometrischen Formen zusammengesetzt werden.
2. Wenn alle Teile vorhanden sind, ordnen die Kinder sie auf der Tapetenrückseite an. Sie probieren so lange, bis sie mit dem Ergebnis zufrieden sind.
3. Zum Schluss kleben sie sie mit Kleister auf den Untergrund.

Scherenschnitt-Köpfe

Technik

Schneiden *Scherenschnitt*, Kleben

Schwierigkeit 3

Material

Schwarzes Scherenschnittpapier, weißes Papier, Bleistift, Schere, Klebstoff, Lampe/Scheinwerfer

Und so wird's gemacht

1. Ein Schüler sitzt ganz still seitlich vor der Tafel.
   An der Tafel ist das Scherenschnittpapier befestigt (weiße Seite sichtbar).
   Eine Lampe strahlt den Kopf des Kindes an und wirft seinen Schatten auf das Papier.
2. Ein anderes Kind umfährt den Schattenriss mit einem Stift.
3. Anschließend wird der Umriss ausgeschnitten und mit der schwarzen Seite nach oben auf einen hellen Untergrund geklebt (seitenverkehrt).

Tipp

☺ Mehrere Schüler werden mit dem Scherenschnitt dargestellt und die Bilder an der Wand angeordnet. Bei Klassenfesten o. Ä. sollen Mitschüler oder Eltern herausfinden, um welches Kind es sich jeweils handelt.

3. 2 Reißen

Einfache Faschingsmasken

Technik
Reißen, Falten, Kleben

Schwierigkeit 1

Material
Krepppapier, Stift, Kleister, Pinsel, farbiges Papier für den Untergrund

Und so wird's gemacht

1. Die Kinder reißen aus Krepppapier einen Kreis oder ein Quadrat.
2. Sie falten die Form in der Mitte.
3. Für Augen, Nase und Mund bohren sie mit einem Stift Löcher in das Papier und vergrößern diese dann durch Reißen.
4. Sie falten die Form wieder auf und kleben ihre Maske auf das Untergrundpapier.

Tipps

☺ Die Kinder erstellen mit den Arbeiten eine Maskenwand.

☺ Die Masken werden als Einladung zum Faschingsfest gestaltet.

Reiß-Mosaik

Technik
Reißen, Kleben

Schwierigkeit 2

Material
Buntpapier, Kleister, Pinsel, weißes Papier für den Untergrund

Und so wird's gemacht

1. Die Kinder zeichnen mit Kleister ein Tier auf das Untergrundpapier.
2. Sie reißen aus dem Buntpapier kleine Stücke und kleben sie sofort auf den Untergrund.
3. Dann streichen sie noch einmal Kleister darüber und füllen nun die Lücken mit weiteren Schnipseln aus.

Tipp

☺ Für eine schöne Fenstergestaltung reißen die Kinder Transparentpapier in Stücke, die sie dann auf Pergamentpapier kleben. Durch das durchscheinende Licht ergeben sich spannende Farbeffekte.

3. 2 Reißen

Zeitungsreißen: Haus

Technik

Reißen, Kleben

Schwierigkeit 2

Material

Zeitungspapier, Papierreste, Kleister, Pinsel, schwarzer Filzstift, farbiges Papier für den Untergrund

Und so wird's gemacht

1. Die Kinder reißen aus dem Zeitungspapier verschiedene Teile für ein Haus: Dach, Wand, Schornstein und für einen Baum: Stamm und Äste.
2. Sie kleben die Teile auf den Untergrund und ergänzen noch Einzelheiten wie Fenster, Tür, Wolken, Menschen …
3. Mit dem Filzstift heben sie die Umrisse der einzelnen Teile deutlicher hervor.

Tipp

☺ In Gemeinschaftsarbeit fügen die Kinder ihre gestalteten Häuser zusammen. So entsteht eine ganze Stadt.

Tschuff, die Eisenbahn

Technik

Reißen, Kleben

Schwierigkeit 2

Material

Bunt- oder Faltpapier, Kleister, Pinsel, Schere, Kordel, Papier für den Unter-grund (Packpapier/Tapetenrolle), evtl. Filzstift

Und so wird's gemacht

1. Die Kinder zeichnen mit Kleister die Umrisse einer Lokomotive und einiger Waggons auf den Untergrund und kleistern die Formen aus.

2. Sie reißen aus dem Buntpapier viele kleine Schnipsel, mit denen sie dann ihre Form bekleben. Die Schnipsel sollen sich dabei oft überlappen.
3. Sie schneiden aus der Kordel kleine Stücke und kleben sie als Verbindung zwischen die einzelnen Waggons.
4. Wer möchte, zeichnet mit einem Filzstift die Umrisse der Wagen nach.

3. 2 Reißen

Eisvogel und Feuervogel

Technik
Reißen, Kleben

Schwierigkeit 2

Material
Transparentpapier, Pergamentpapier, Schere, Kleister, Pinsel

Und so wird's gemacht

1. Die Kinder zeichnen mit Kleister die Umrisse eines Vogels auf das Pergamentpapier.
2. Je nachdem, ob sie einen Eis- oder einen Feuervogel gestalten wollen, wählen sie beim Transparentpapier kalte oder warme Farben. Sie reißen das Papier in kleine blaue und grüne oder rote, gelbe und orange Schnipsel.
3. Sie kleben die Schnipsel sofort auf die vorgezeichnete Form. Dabei beginnen sie am Schwanz und kleben die Schnipsel überlappend Richtung Kopf auf.
4. Dann bestreichen sie alles noch einmal mit Kleister und füllen die Lücken mit weiteren Schnipseln aus.
5. Zum Schluss werden alle Vögel am Fenster befestigt.

Marienkäfer oder Kugelfisch

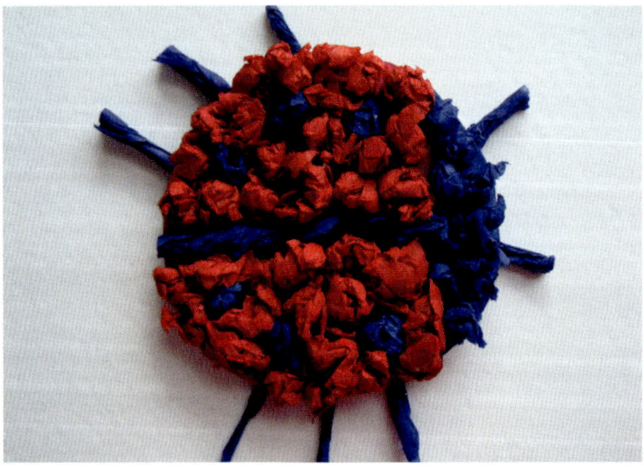

Technik
Reißen, Knüllen, Kleben

Schwierigkeit 2

Material
Bierdeckel oder selbst hergestellter Pappkreis, Seidenpapier in unterschiedlichen Farben, Schere, Kleister, Pinsel, evtl. Pfeifenputzer

Und so wird's gemacht

1. Für den Kugelfisch reißen die Kinder Seidenpapier in vielen verschiedenen Farben in kleine Stücke und knüllen es mit den Fingerspitzen zu Kügelchen. Für den Marienkäfer nehmen sie nur Rot und eine dunkle Farbe.
2. Sie bestreichen ihren Pappkreis mit Kleister und setzen dann die Papierkügelchen darauf. Dabei gestalten sie den Fisch mit fantasievollen Mustern und geben dem Marienkäfer seine typischen Punkte.
3. Aus Papp- oder Seidenpapierresten stellen sie dann Flossen und Schwanz oder Beine und Fühler her und kleben diese an den Körper. Für große Käfer nehmen sie am besten Pfeifenputzer.

Tipp

☺ Beide Seiten der Pappe mit Kügelchen bekleben und die Arbeit mit einem Faden an einem Zeig aufhängen.

Alu-Raupe

Technik
Reißen, Schneiden
Mehrfachschnitt, Kleben

Schwierigkeit 2

Material
Grüner Tonpapierbogen (40 cm x 80 cm), Alufolie, farbiges Papier, Schere, Flüssigkleber, Pfeifenputzer

Und so wird's gemacht

1. Die Kinder reißen die Alufolie in breite Streifen.
2. Sie schieben jeden Streifen vorsichtig von allen Seiten zur Mitte zusammen, sodass ein Oval entsteht.
3. Wenn sie genug Ovale für ihre Raupe hergestellt haben, kleben sie alle Teile aneinander. Beim Aufkleben tupfen sie den Klebstoff jeweils nur in die Mitte.
4. Die Füße schneiden sie aus bunten Papierresten aus. Dazu legen sie die Papiere übereinander und schneiden die Form im Mehrfachschnitt aus.
5. Sie schneiden kleine Kreise für das Auge aus und kleben sie an den Raupenkopf.
6. Für die Rückenhaare der Raupe schneiden sie 5-6 cm lange Stücke von einem Pfeifenputzer ab, klappen sie mittig zusammen und kleben sie unter jedes Oval. Oder sie stellen sie aus Papierresten her.
7. Zum Schluss kleben die Kinder alle Teile auf einen grünen Wiesen-Untergrund.

Tipp

☺ In Gemeinschaftsarbeit stellen die Kinder eine ganz lange Riesen-Raupe her.

3. 2 Reißen

Kugel-Bäume

Technik
Reißen, Knüllen, Kleben

Schwierigkeit 3

Material
Seidenpapier in unterschiedlichen Farben, Tapetenreste, Kleister, Pinsel, leere Margarinebecher zur Aufbewahrung

Und so wird's gemacht

1. Die Kinder zerreißen Seidenpapier in kleine Stücke und knüllen sie mit den Fingerspitzen zu Kügelchen.
2. Sie sammeln die Kügelchen nach Farben sortiert in Margarinebechern.
3. Mit Kleister malen sie ihr Baummotiv auf das Tapetenpapier.
4. Sie drücken die Papierkügelchen an die entsprechenden Stellen und gestalten so nach und nach ihren Baum.

Tipp

☺ Dieses Projekt eignet sich gut als Gemeinschaftsarbeit.
Die hier abgebildete Arbeit entstand parallel zu folgendem Fingerspiel:

Steigt ein Büblein auf den Baum, steigt so hoch, man sieht es kaum, steigt von Ast zu Ästchen – bis zum Vogelnestchen.	*Ein Arm ist der Baum, die Finger sind die Äste.* *Die andere Hand stellt den Jungen dar,* *der den Baum hinaufklettert und dann abstürzt*
Ei, da kracht es! Ei, da lacht es! Plumps, da liegt es unten.	*In die Hände klatschen.*

Variante

☺ In dieser Technik können auch Pappschachteln verziert, Namen auf Karten „geschrieben" oder die Blindenschrift ausprobiert werden.

Eier-Salat

Technik
Schneiden
Mehrfachschnitt

Schwierigkeit 1

Material
Farbiges Tonpapier oder Moosgummireste, Bleistift, Schere, Briefumschläge oder Schachteln zur Aufbewahrung, evtl. Schablonen „Eier“ (Blatt 7)

Und so wird's gemacht

1. Die Kinder schneiden im Mehrfachschnitt Eier in mehreren Größen zu.
2. Jedes Ei wird einmal beliebig durchgeschnitten (mit Zickzacklinie, Wellenlinie o. Ä.).

Spiel
Alle Eier-Puzzleteile werden auf dem Tisch zum Eier-Salat gemischt.
Wer findet als Erster die zusammenpassenden Eierhälften und kann sie wieder richtig zusammensetzen?

Bunte Ostereier

Technik
Schneiden, Kleben

Schwierigkeit 1

Material
Weißes Papier, farbiges Papier für den Untergrund, Bleistift, Bunt-oder Wachsmalstifte, Schere, Klebstoff, evtl. Schablonen „Eier“ (Blatt 7)

Und so wird's gemacht

1. Die Kinder zeichnen Eier in unterschiedlichen Größen auf ihr Papier – evtl. mithilfe der Schablonen.
2. Sie bemalen sie mit fantasievollen Mustern oder Motiven.
3. Sie schneiden die Eier aus.
4. Zum Schluss ordnen sie in Gemeinschaftsarbeit alle Eier auf dem Untergrund an und kleben sie auf.

Muttertagsherz

Technik

Schneiden, Kleben

Schwierigkeit 1

Material

Farbiger Tonkarton, Buntstifte, Schere, Klebstoff, Bonbon, Schablone „Herz“ (Blatt 5)

Und so wird’s gemacht

1. Die Kinder übertragen die Umrisse der Herz-Schablone auf Tonkarton.
2. Sie schneiden das Herz aus.
3. Sie gestalten den Rand als schönen Rahmen und schreiben innen ein paar liebe Worte für die Mutter auf.
4. Zum Schluss kleben sie den Bonbon in der Mitte fest.

Steck-Tanne

Technik

Schneiden *Mehrfachschnitt*

Schwierigkeit 1

Material

Festes Tonpapier, Bleistift, Schere

Und so wird’s gemacht

1. Die Kinder legen ihr Papier doppelt und zeichnen eine Tanne auf.
2. Sie schneiden die Bäume im Mehrfachschnitt aus.
3. Nun schneiden sie den einen Baum von unten der Länge nach bis zur Hälfte ein.
4. Den anderen schneiden sie von oben bis zur Hälfte ein.
5. Zum Schluss stecken sie beide Teile rechtwinklig ineinander – fertig ist ein plastischer Baum zum Aufstellen!

Sonnenschutz

Technik
Schneiden

Schwierigkeit 1

Material
Karton, Schere, Bleistift, Bürolocher, Buntstifte oder Farbkasten und Pinsel, Hutgummi, evtl. Buntpapier und Klebstoff, Schablone „Sonnenschutz" (Blatt 8)

Und so wird's gemacht

1. Die Kinder legen die Schablone auf den Karton und übertragen die Umrisse.
2. Sie schneiden die Form aus.
3. Sie bemalen ihren Sonnenschutz nach eigenen Vorstellungen. Sie können ihn aber auch mit verschiedenen Materialien bekleben oder stempeln mit den Fingern lustige Motive darauf.
4. Anschließend stanzen sie mit dem Locher an den vorgegebenen Stellen die Löcher aus.
5. Sie knoten das Hutgummi in den Löchern fest – fertig ist der Sonnenschutz!

Finger-Elefant

Technik
Schneiden

Schwierigkeit 1

Material
Tonpapier oder Karton, Schere, Bleistift, Buntstifte oder Farbkasten und Pinsel, evtl. Seiden- oder Buntpapier, Schablone „Finger-Elefant" (Blatt 9)

Und so wird's gemacht

1. Die Kinder übertragen die Umrisse der Schablone mit dem Rüsselkreis auf das Papier.
2. Sie malen den Elefant lustig an.
3. Anschließend schneiden sie die Form aus.
4. Mit einem spitzen Bleistift bohren sie in der Mitte des Rüsselkreises ein Loch durch.
5. Sie stecken die Schere in das Loch und schneiden strahlenförmig bis zum Kreisrand ein.
6. Zum Schluss schneiden sie den aufgezeichneten Kreis ganz aus. Das Loch soll so groß sein, dass der Zeigefinger des Kindes gut hindurchpasst.

Tipp:

☺ Die Kinder stellen Elefanten in unterschiedlichen Größen her und spielen mit ihnen Theater.

Papier verformen

Technik
Schneiden, Falten, Rollen, Knicken

Schwierigkeit 1

Material
Farbiges Tonpapier, Schere, Klebstoff, Karton als Untergrund

Und so wird's gemacht
1. Die Kinder schneiden aus Tonpapier beliebig lange und breite Streifen zu.
2. Sie formen die Streifen experimentell durch Biegen, Rollen, Kringeln, Falten oder Abknicken zu Schnecken, Brücken oder anderen Gegenständen.
3. Sie kleben die Teile auf Karton.

Buchstaben- und Zahlenwürste

Technik
Schneiden oder Reißen, Verformen

Schwierigkeit 1

Material
Alufolie, evtl. Schere, Flüssigkleber

Und so wird's gemacht
1. Die Kinder schneiden oder reißen die Alufolie in lange Streifen.
2. Sie drücken die Streifen zu Würsten zusammen und formen daraus Buchstaben oder Zahlen. Einige von ihnen müssen evtl. aus mehreren Teilen zusammengesetzt werden, z. B. das große A. Hierbei kleben die Kinder den Mittelsteg an den beiden anderen Teilen fest oder wickeln die Enden fest um die Teile.

Tipp
☺ Die Buchstaben und Ziffern sind im Nu verformbar und können in der Gruppe zu Wörtern, Sätzen oder kleinen Rechenspielen gelegt werden.

Spiel
☺ Welches Team legt am schnellsten das Wort *Feuerwehrauto, Simsalabim oder Schokoladenpuddingkochtopf?*

Formen-Spiel

Technik
Schneiden, Kleben

Schwierigkeit 2

Material
Farbiges Tonpapier oder Karton, Papier, Bleistift, Schere, Klebstoff, evtl. Schablonen (Blätter 5, 6, 7)

Und so wird's gemacht
1. Die Kinder bekommen die Schablonen oder stellen sich aus Papier eigene Schablonen her. Es eignen sich: Herz, Ei, Blüte, Kreis, Dreieck, Quadrat.
2. Sie legen ihre Schablone auf das Tonpapier, umfahren sie mit einem Stift und schneiden die Form aus.
3. Anschließend übertragen sie dieselbe Form immer kleiner werdend auf andersfarbiges Tonpapier und schneiden auch diese aus.
4. Nun werden die Formen der Größe nach aufeinander gelegt. Die größte liegt unten.

Spiel
Die Formen aller Kinder auf den Tisch legen und mischen. Wer findet zuerst alle Herzen (Eier, Dreiecke ...) und kann sie der Größe nach sortiert aufeinander legen?

Wolken-Mobile

Technik
Schneiden, Kleben

Schwierigkeit 2

Material
Blaue Glanzfolie, Tonpapierreste in unterschiedlichen Farben, Schere, Faden, Klebefilm, Watte, evtl. Schablone „Wolke“ (Blatt 3), evtl. Schablone „Stern“ (Blatt 6) oder Weihnachtsbackförmchen

Und so wird's gemacht
1. Zuerst schneiden die Kinder aus blauer Glanzfolie eine große Wolke aus – evtl. mithilfe der Schablone.
2. Aus den Tonpapierresten schneiden sie kleine Formen, die sie an ihre Wolke hängen wollen: Sterne, Bäume, geometrische oder Fantasie-Figuren.
3. Aus Watte formen sie kleine Kügelchen.
4. Sie legen 3 bis 5 Formen untereinander auf den Tisch, legen den Faden darüber und befestigen ihn mit Klebefilm an den einzelnen Teilen.
5. Das obere Fadenende kleben sie an der Wolke fest.
6. Dann bringen sie noch einen Aufhängefaden an der Wolke an und suchen einen schönen Platz für ihr Mobile.

3. 3 Schneiden, Falten, Rollen & Co.

Lauf-Clown

Technik
Schneiden

Schwierigkeit 2

Material
Festes Tonpapier, Schere, Musterklammer, Buntstifte, evtl. Buntpapier, Schablonen „Lauf-Clown“ (Blatt 10)

Und so wird’s gemacht

1. Die Kinder bekommen die Schablonen und übertragen die Umrisse auf das Tonpapier.
2. Sie bemalen den Clown und das Laufrad mit Buntstiften oder bekleben die Teile mit Buntpapier.
3. Nun schneiden sie die Teile aus.
4. Am unteren Saum des Kleides und in der Mitte des Laufrades bohren sie mit der Schere oder einem Stift ein Loch in das Papier.
5. Sie stecken die Musterklammer durch beide Löcher und schließen sie. Nun können sie den Clown laufen lassen!

Bildkarten-Spiel

Technik
Schneiden, Kleben

Schwierigkeit 2

Material
Werbeprospekte (für Möbel, Obst und Gemüse, Autos, Kleidung...), Schere, Klebstoff, Karteikarten (A6 oder A7), Stift

Und so wird’s gemacht

1. Gruppenarbeit: Die Kinder überlegen sich für ihre Gruppe ein Thema (z. B. Lebensmittel) und schneiden aus den Prospekten sorgfältig die passenden Dinge aus.
2. Sie bekommen die Karteikarten und kleben auf jede einen Gegenstand.
3. Darunter schreiben sie den jeweiligen Namen. (In Klassen mit Kindern aus anderen Nationen schreiben sie die Begriffe auch in deren Sprachen auf.)

Spiele

☺ Die Bildkarten liegen verdeckt auf einem Stapel. Ein Kind nimmt die erste Karte auf und beschreibt seinen Gegenstand: „Mein Gegenstand ist aus Stoff. Man benötigt ihn ...“ Die anderen Kinder sollen den Gegenstand erraten. Wer ihn als Erster errät, bekommt einen Punkt.

☺ Die Kinder erfinden zu den nach und nach aufgedeckten Bildkarten eine Geschichte.

Hexen-Treppen

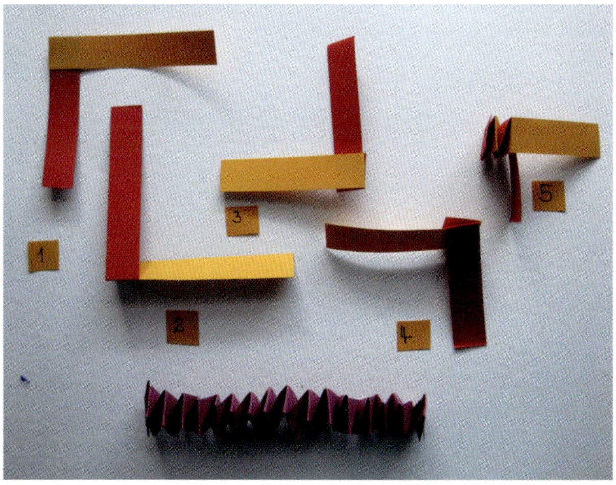

Technik
Schneiden, Falten

Schwierigkeit 2

Material
Papier, Schere, Klebstoff

Und so wird's gemacht

1. Die Kinder schneiden zwei gleich lange und gleich breite Papierstreifen zu. Es gibt aber auch fertige Streifen in Bastelgeschäften zu kaufen.
2. Sie legen die Streifen an den Enden im rechten Winkel übereinander und befestigen sie mit etwas Klebstoff.
3. Immer abwechselnd falten sie nun die Streifen bis zum Ende im Wechsel aufeinander.
4. Zum Schluss ziehen sie die Hexentreppe vorsichtig auseinander.

Tipp

☺ Aus Hexentreppen und weiteren Materialien lassen sich plastische Objekte herstellen.

Rosetten-Kerzenhalter

Technik
Schneiden, Biegen, Kleben

Schwierigkeit 2

Material
Glanzfolie, Bleistift, Schere, Flüssigkleber, Kerze, Knetmasse

Und so wird's gemacht

1. Die Kinder schneiden 3 oder 4 unterschiedlich große Kreise aus der Glanzfolie aus.
2. Sie schneiden die Außenkanten bogenförmig zu Rosetten.
3. Sie legen die Rosetten aufeinander – die größte liegt unten – und kleben sie mittig aneinander fest.
4. Nun biegen sie die Ränder leicht nach oben.
5. Mit etwas Knetmasse befestigen sie die Kerze in der Mitte.

Hüpfe-Maus

Technik
Schneiden, Falten, Rollen, Knüllen, Kleben

Schwierigkeit 2

Material
Festes Tonpapier, Schere, Klebstoff, Filzstift

Und so wird's gemacht

1. Die Kinder schneiden für den Körper aus dem Tonpapier einen Streifen zurecht.
2. Für den Kopf schneiden sie das eine Ende spitz zu.
3. Sie falten Kopf und Hals um.
4. Sie schneiden die Mäuseohren aus und kleben sie an den Kopf.
5. Sie stellen aus kleinen rechteckigen Stücken Papier den Schwanz und die Barthaare her. Für den Bart schneiden sie die Streifen an beiden Seiten tief ein und rollen die Einschnitte über eine Schere. Der Schwanzstreifen wird nur gerollt.
6. Sie kleben die Teile an den Körper.
7. Für die Nase knüllen die Kinder ein kleines Stück Papier zusammen und kleben es auf den Bart.
8. Zum Schluss schneiden die Kinder einen dünnen Streifen Tonpapier zurecht.
9. Sie falten ihn an beiden Enden um und befestigen die Enden mit Klebstoff von unten am Mäusekörper, so dass der Mäuserücken gebogen wird.

Finger-Puppe: Fußballer

Technik
Schneiden, Falten

Schwierigkeit 2

Material
Tonpapier in verschiedenen Farben, Schere, Bleistift, Filzstift, Geschenkband, Wackelaugen, Klebstoff

Und so wird's gemacht

1. Die Kinder zeichnen einen Kopf, ein T-Shirt, eine Hose und zwei Arme auf das Tonpapier.
2. Sie schneiden in die Hose zwei Löcher in Fingergröße. Dazu bohren sie mit dem Bleistift Löcher durch, stecken dann die Schere in das Loch und schneiden strahlenförmig ein. Anschließend schneiden sie die Zacken ab.
3. Sie fügen die Teile durch Kleben zusammen.
4. Sie malen das Gesicht und kleben die Wackelaugen an.
5. Sie kleben das gekräuselte Geschenkband als Haare an.
6. Zum Schluss falten sie die Arme nach vorne.

Tipp

☺ Wenn die Kinder zwei Finger durch die Beinlöcher stecken, können sie mit dem Fußballer prima Tore schießen.

Eine Schnecke mit Haus

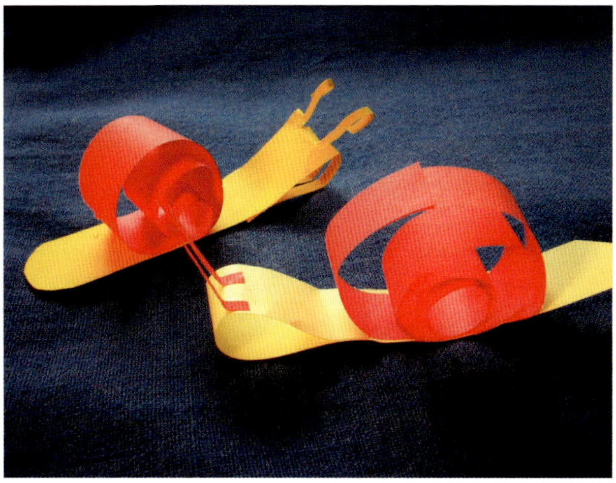

Technik
Schneiden, Rollen, Kleben

Schwierigkeit 2

Material
Papier, Schere, Klebstoff

Und so wird's gemacht

1. Die Kinder schneiden zwei lange Papierstreifen für den Schneckenkörper und das Schneckenhaus zu.
2. Das Ende des einen Streifens biegen sie für den Kopf in Tropfenform und kleben es am Körper fest.
3. Das andere Ende schneiden sie rund zu.
4. Aus dem zweiten Streifen rollen sie das Schneckenhaus und befestigen es mit Klebstoff am Schneckenkörper.
5. Sie schneiden noch aus Papierresten kleine Fühler aus und kleben sie an den Kopf.

Lustige Ringeltiere

Technik
Schneiden, Rollen, Kleben

Schwierigkeit 2

Material
Farbiges Tonpapier, weißes Zeichenpapier, Schere, Klebstoff

Und so wird's gemacht

1. Die Kinder schneiden zunächst aus dem Papier beliebig viele schmale Streifen von etwa 6 bis 8 cm Länge ab.
2. Sie biegen die Streifen zu unterschiedlich großen Ringen und kleben sie am Ende mit etwas Klebstoff zusammen.
3. Nun fügen die Kinder unterschiedlich große Ringe zu Tieren zusammen.
4. Zum Schluss ergänzen sie noch Einzelheiten wie Ohren, Schwänze oder Flossen.

Tipps

☺ Die Ringel-Figuren an einem Zweig als Mobile aufhängen.

☺ Eine Schnur am Fenster spannen und daran die Ringel-Figuren in unterschiedlichen Längen aufhängen.

3. 3 Schneiden, Falten, Rollen & Co.

Zoo-Tiere

Technik
Schneiden, Falten, Kleben

Schwierigkeit 2

Material
Tonpapier, Schere, Bleistift, Bunt- oder Filzstifte, evtl. Klebstoff, evtl. Schablonen „Zoo-Tiere“ (Blatt 11)

Und so wird’s gemacht

1. Die Kinder falten ein Stück Tonpapier zur Hälfte.
2. Sie legen eine Tier-Schablone mit der geraden Seite an die Bruchkante und übertragen die Umrisse oder zeichnen selbst ein halbes Tier auf.
3. Sie schneiden sorgfältig die Form aus.
4. Sie zeichnen Einzelheiten wie Augen, Maul, Zehen oder Streifen (Tiger). Für das Krokodil schneiden sie einen Zackenstreifen aus und kleben ihn an den Rücken.
5. Nun klappen sie die beiden Hälften leicht auseinander.
6. Zum Schluss falten sie Hals und Schwanz (s. Strichellinien) nach unten ab, öffnen wieder und drücken dann die Teile mit Daumen und Zeigefinger nach innen. Den eingeschnittenen Bart des Tigers biegen sie zur Seite, die Ohren klappen sie nach vorn.

Rentier

Technik
Schneiden, Falten, Kleben

Schwierigkeit 2

Material
Tonpapier, Schere, Bleistift, Klebstoff, Wackelauge, evtl. Band mit Glöckchen, Schablone „Rentier“ (Blatt 9)

Und so wird’s gemacht

1. Die Kinder legen ihr Tonpapier doppelt und übertragen die Umrisse der Schablone.
2. Sie schneiden die Rentierform aus.
3. Sie kleben die beiden Teile an Kopf, Hals und Rücken zusammen.
4. Nun biegen sie den unteren Teil mit den Beinen leicht auseinander.
5. Die Füße falten sie etwas nach innen. So kann das Rentier gut stehen.
6. Aus Tonpapierresten schneiden sie noch einen Schwanz und eine rote Nase aus und kleben sie an.
7. Wer möchte, kann dem Rentier noch ein Glöckchen umbinden.

Weihnachtsmaus

Technik
Schneiden, Falten, Kleben

Schwierigkeit 2

Material
Ton- oder Glanzpapier, Bleistift, Schere, Klebstoff, Papierreste, Kordel oder Pfeifenputzer, Perle, Schablonen „Weihnachtsmaus“ (Blatt 12)

Und so wird’s gemacht

1. Die Kinder übertragen die Umrisse der Schablone auf das Papier.
2. Sie schneiden die Form aus.
3. Sie falten (Dreiecksmaus) bzw. rollen (Rund-Maus) das Papier zu einer Tüte und kleben es an der Klebefläche zusammen.
4. Für den Schnurrbart schneiden sie einen kleinen Papierstreifen an den Enden mehrmals ein und kleben ihn an die Tütenspitze.
5. Aus Restpapier schneiden sie runde Augen und Ohren zurecht und kleben sie seitlich an.
6. Sie befestigen ein Stück Kordel oder Pfeifenputzer im Innern der Tüte. Das wird der Schwanz.
7. Die Perle kleben sie als Nase an.

Tipp

☺ Die Kinder füllen ihre Weihnachtsmaus mit Nüssen und Plätzchen. Ein tolles Geschenk zum Nikolaustag oder zu Weihnachten!

Hexentreppen-Kinder

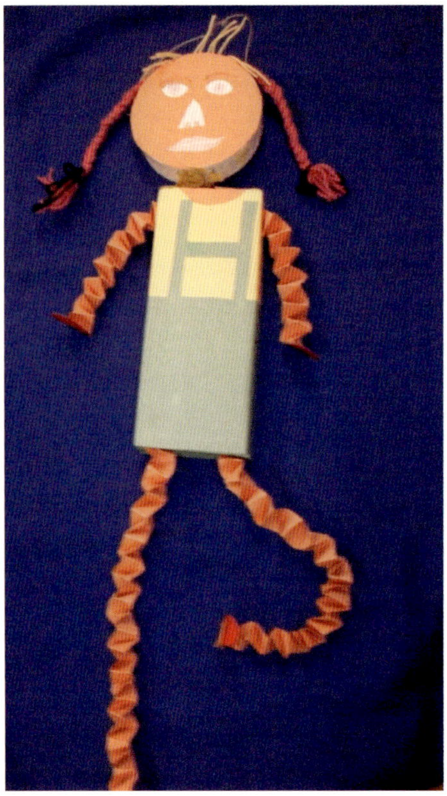

Technik
Schneiden, Falten, Kleben

Schwierigkeit 2

Material
Papier, Schere, 2 leere Schachteln, Klebstoff, Wollreste, Faden

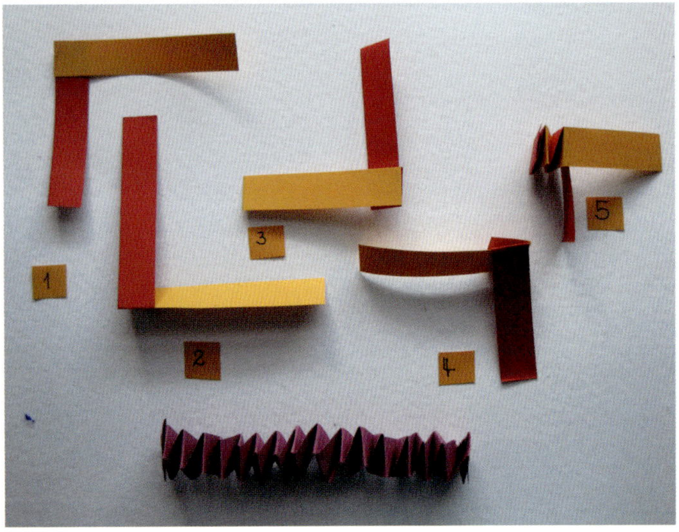

Und so wird's gemacht

1. Die Kinder stellen aus Papier 3 lange Hexentreppen her (s. S. 41).
2. Sie bemalen und bekleben die beiden Schachteln: Die kleinere wird der Kopf, die größere der Bauch. Den Kopf können sie mit Wollhaaren, Brille, Krone oder Hut gestalten.
3. Sie kleben die Schachteln aneinander.
4. Anschließend schneiden sie eine Hexentreppe in der Mitte durch kleben sie als Arme an den Körper.
5. Die anderen beiden Hexentreppen kleben sie als Beine an.
6. Aus Papier schneiden sie noch Hände und Schuhe aus und befestigen sie an Armen und Beinen.
7. Sie bringen einen Aufhängefaden am Kopf an und befestigen ihn an einem Reifen oder Zweig.

Tipp

☺ Zwischen Kopf und Bauch können die Kinder noch eine kleine Hexentreppe einfügen, dann sind die Figuren beweglicher.

Indianer-Stirnband

Technik
Schneiden, Falten, Kleben

Schwierigkeit 2

Material
Dünner heller Karton, Schere, Klebstoff, Bleistift, Wachsmalfarben oder Buntpapier

Und so wird's gemacht

1. Die Kinder schneiden einen 30 cm langen und 3-5 cm breiten Papierstreifen zu.
2. Sie bemalen den Streifen mit Fantasiemustern oder bekleben ihn mit geometrischen Formen, die sie aus Buntpapierstreifen herstellen (Mehrfachschnitt).
3. Anschließend kleben sie die Formen ornamentartig auf ihr Stirnband.
4. Den fertigen Streifen passen sie an ihren Kopfumfang an und kleben ihn entsprechend zusammen.
5. Zur Verzierung stellen die Kinder einige Federn her. Dazu schneiden sie Papierstreifen von ca. 12 cm Länge und 5 cm Breite aus.
6. Sie falten das Papier senkrecht in der Mitte.
7. An der offenen Seite zeichnen sie eine halbe Feder auf.
8. Sie schneiden die Form aus und malen sie als bunte Feder an.
9. Nun schneiden sie die Form dicht an dicht schräg ein. Dabei müssen sie darauf achten, dass sie nicht zu tief einschneiden.
10. Sie falten die Feder auf und kleben sie an das Stirnband.

Variante

☺ Die Kinder verwenden echte Federn, die sie in der Natur gesammelt haben.

Indianer-Zelt

Technik
Schneiden, Falten/Rollen, Kleben

Schwierigkeit 2

Material
Helles Tonpapier, Bleistift, Schere, Klebstoff, Buntstifte, 4 Schaschlikstäbe, Karton für den Untergrund, Ostergras oder Sand, Schablonen „Zelt“ (Blätter 13, 14)

Und so wird’s gemacht

1. Die Kinder legen die Schablone auf das Papier und übertragen die Umrisse.
2. Für das Falt-Zelt übertragen sie auch die 4 Faltlinien.
3. Sie bemalen das Zelt nach ihren Vorstellungen.
4. Sie schneiden das Zelt aus.
5. Sie falten das Falt-Zelt an den Faltlinien. Das Rund-Zelt rollen sie zur Tüte.
6. Nun kleben sie die Schaschlikstäbe auf.
7. Sie schneiden eine Türöffnung in das Zelt.
8. Die Kinder kleben das Zelt an der Klebefläche zusammen.
9. Zum Schluss stellen sie ihr Zelt auf den Untergrund, den sie noch mit Sand oder Ostergras ausschmücken.

Tipps

☺ Statt der Schaschlikstäbe nehmen die Kinder dünne Zweige.

☺ Als Gruppenarbeit: Die Kinder schieben blaues Seidenpapier zum Fluss zusammen und befestigen es auf dem Untergrund, sie stapeln kleine Zweige zum Lagerfeuer auf und stellen aus Papier kleine Indianer her, die sie ausschneiden, an den Beinen umknicken und dazustellen.

Vogel-Baum

Technik
Schneiden *Mehrfachschnitt*, Kleben

Schwierigkeit 3

Material
Tonpapier, Bleistift, Schere, Klebstoff, Klebefilm, Faden, evtl. Schablonen „Vogel-Baum“ (Blatt 15)

Und so wird's gemacht

1. Die Kinder zeichnen einen Baumstamm und eine Baumkrone auf ihr Tonpapier oder übertragen die Umrisse der Schablonen.
2. Sie schneiden ihre Formen aus.
3. Nun schneiden sie einige runde Löcher in die Baumkrone.
4. Sie kleben Krone und Stamm zusammen.
5. Die Kinder zeichnen einen kleinen Vogel auf und schneiden ihn im Mehrfachschnitt aus.
6. Sie befestigen mit Klebefilm Fäden an den Vögeln und hängen sie in die Baumlöcher.
7. Sie schneiden im Mehrfachschnitt Papier für die Blüten zurecht und kleben diese in den Baum.
8. Zum Schluss befestigen sie noch einen Faden am Baum und hängen ihn in der Klasse auf.

Feuerwerk

Technik
Schneiden, Kleben

Schwierigkeit 3

Material
Tonpapier (oder alte Kalenderblätter, Zeitschriften oder Prospekte), Schere, Kleister, Pinsel, dunkles Papier für den Untergrund

Und so wird's gemacht

1. Tonpapier in unterschiedlichen Farben wird in viele feine Streifen zerschnitten.
2. Die Kinder überlegen sich, wo das Zentrum ihres Feuerwerks liegen soll (in der Mitte, einer Ecke oder am Rand).
3. Sie bestreichen ihr Untergrundpapier dünn mit Kleister.
4. Sie kleben die Streifen strahlenförmig auf.
5. Anschließend pinseln sie eine zweite Kleisterschicht darüber und verteilen weitere Streifen, um die Lücken zu schließen.
6. Das wiederholen sie evtl. mehrmals, bis alle Streifen explosionsartig aufgeklebt sind.
7. Zum Schluss tragen sie noch einmal eine dünne Kleisterschicht auf.

Tipp

☺ Die Feuerwerksbilder aller Kinder als dekorativen Wandschmuck ausstellen.

Eisbären in der Arktis

Technik
Schneiden, Kleben, Verformen

Schwierigkeit 3

Material
Papiertaschentücher oder weiße Papierservietten, Tonpapierreste, Schere, Kleister, Pinsel, dunkles Papier für den Untergrund

Und so wird's gemacht

1. Die Kinder zerlegen die Papiertaschentücher oder Servietten vorsichtig in ihre Schichten. So entstehen viele zarte Quadrate.
2. Mit Kleister malen sie auf dem Untergrundpapier die Umrisse von Eisbergen, Eisbären und Eisschollen auf.
3. Sie befestigen die Papierquadrate in der Mitte der Form auf dem Untergrund. Dann schieben sie das Papier behutsam von den Rändern her zusammen, bis es die gewünschte Form ergibt.
4. Aus Tonpapierresten schneiden sie kleine Kreise für Nase und Augen aus und kleben sie auf.

Durch Licht- und Schattenwirkung wird ein besonders plastisches und lebendiges Ergebnis erzielt.

Vogel auf dem Zweig

Technik
Schneiden, Rollen, Kleben

Schwierigkeit 3

Material
Papier, Schere, Klebstoff, kleiner Zweig

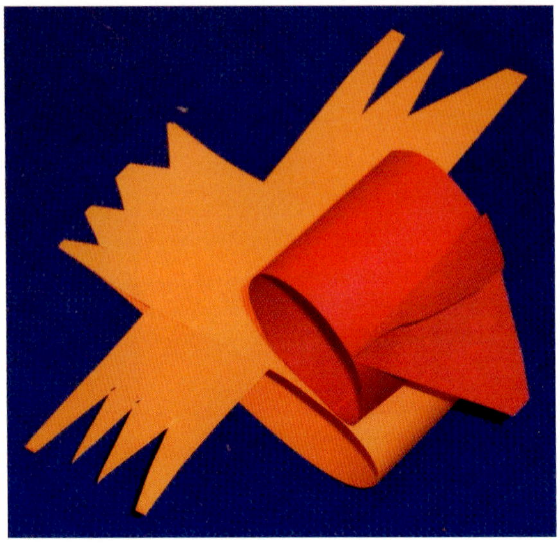

Und so wird's gemacht

1. Die Kinder schneiden aus dem Papier 3 unterschiedlich lange Streifen zu.
2. Für den **Kopf** rollen sie den kurzen Streifen zu einem kleinen Ring und kleben ihn zusammen.
3. Für den **Bauch** biegen sie den langen Streifen zur Tropfenform und kleben ihn zusammen.
4. Für den **Schwanz** schneiden sie am Ende des Bauchteils mehrere Zacken aus.
5. Für die **Flügel** schneiden die Kinder den dritten Streifen an beiden Enden zackenförmig ein.
6. Für den **Schnabel** falten sie ein kleines Papierstück zusammen und schneiden es dann an der offenen Seite spitz zu.
7. Sie kleben den Schnabel an den Kopf.
8. Nun kleben die Kinder den Kopf an den Bauch.
9. Das Flügelteil schieben sie durch die Bauchöffnung und kleben es innen fest.
10. Die fertigen Vögel der Kinder werden an einem Zweig befestigt – ein dekorativer Zimmerschmuck!

Vogel im Spitzenschnitt

Technik
Schneiden *Spitzenschnitt*, Falten, Kleben

Schwierigkeit 3

Material
Faltpapier, Buntpapier, Schere, Bleistift, Klebstoff, Packpapier für den Untergrund, leere Margarinebecher zur Aufbewahrung

Vorbereitung
Bunt- und Faltpapier an der Schneidemaschine in ganz viele Rechtecke (4 cm x 8 cm) zerschneiden (Streifen zuschneiden, dann Rechtecke abschneiden)

Und so wird's gemacht
Gemeinschaftsarbeit:

1. Die Kinder falten jedes Rechteck der Länge nach zusammen.
2. An dem einen Ende schneiden sie die Federspitze zu.
3. Nun schneiden sie an den Seiten kleine Teile heraus.
4. Die fertigen Federn werden auseinandergeklappt und nach Farben sortiert in leeren Margarinebechern gesammelt.
5. Wenn die Kinder genügend Federn zugeschnitten haben, breiten sie das Packpapier aus und malen die Umrisse des Vogels auf.
6. Sie kleben die Federn von der Schwanzspitze über den Bauch zum Kopf hin auf.
7. Die **Schwanzfedern** werden einzeln – Feder für Feder – in Schlangenform aufgeklebt: Jede wird überlappend aufgelegt und nur an ihrem unteren Ende festgeklebt. Dabei entsteht ein plastisches, echt wirkendes Federkleid.
8. Den **Bauch** gestalten die Kinder in mehreren Reihen.
9. Die **Kopffedern** werden kreisförmig aufgeklebt (außen beginnend).
10. Die Kinder kleben noch die Beine auf.
11. Zum Schluss schneiden sie einen Schnabel zurecht und kleben ihn an.

Tipp

☺ Fische – aus lauter einzelnen Schuppen hergestellt – sehen ebenfalls sehr spannend aus.

Paradiesvogel im Nest

Technik
Schneiden, Rollen, Biegen, Knüllen, Kleben

Schwierigkeit 3

Material
Tonpapier, Schere, Klebstoff, evtl. Wackelaugen, evtl. Schablone „Tüte“ (Blatt 12)

Und so wird's gemacht
Einzelteile herstellen:

1. **Kopf und Bauch:** Die Kinder schneiden 2 Viertelkreise (Schablone) aus und rollen sie zu Tüten. Sie kleben sie mit Klebstoff zusammen.
2. **Hals und Beine:** Die Kinder schneiden 3 Rechtecke aus und rollen sie zu Röhren. Sie kleben sie mit Klebstoff zusammen.
3. **Schwanz:** Die Kinder schneiden 2 Rechtecke aus. An einem Ende schneiden sie sie tief ein und rollen die Einschnitte vorsichtig über eine Schere.
4. **Flügel:** Die Kinder schneiden 2 ovale Teile aus, schneiden sie an der einen Seite ein und rollen sie über eine Schere.
5. **Nest:** Die Kinder schneiden einen breiten Streifen zu. Sie schneiden ihn an der einen Längsseite ein und rollen die Einschnitte über eine Schere. Für die Nestfüllung knüllen etwas Papier zusammen.

Teile zusammenfügen:

1. Die Kinder schneiden die Kopftüte an der offenen Seite mehrmals ein und rollen die Einschnitte wieder über eine Schere.
2. Die Hals- und Beinröhren schneiden sie an einem Ende einige Male ein und biegen die Einschnitte nach außen.
3. Sie kleben den Kopf an den Hals.
4. Am unteren Halsende schneiden sie dort, wo der Bauch folgt, einen kleinen Bogen heraus und kleben den Bauch an.
5. Sie befestigen die Flügel seitlich am Bauch.
6. Sie legen die beiden Schwanz-Rechtecke etwas versetzt aufeinander und kleben ihn an das Bauchende.
7. Sie kleben die Beinröhren mit den Einschnitten unten an die Bauchtüte.
8. Sie knicken die Fußenden um.
9. Zum Schluss kleben sie den Neststreifen zu einem Ring zusammen und füllen das Nest mit dem geknüllten Papier.
10. Nun setzen die Kinder ihre Paradiesvögel in das Nest.

Seerosen-Teich

Technik

Schneiden, Kleben

Schwierigkeit 3

Material

Tonpapier, Bleistift, Cutter, Kleister und Pinsel, Schneideunterlage

Und so wird's gemacht

1. Die Kinder zeichnen kleine und große Kreise auf ein Blatt Tonpapier.
2. Mit dem Cutter schneiden sie vom Mittelpunkt der Kreise ausgehend mehrere Male bis zum Kreisrand ein.
3. Sie klappen die Einschnitte nach oben.
4. Nun kleben die Kinder das Blatt auf andersfarbiges Tonpapier.
5. Sie schneiden aus Tonpapierresten kleine Kreise aus und kleben sie in die Mitte der Blüten.

4. Preisgekrönte Projekte – zum Nachgestalten empfohlen

Die Kinder der Grundschulförderklasse Nürtingen haben mehrere Male sehr erfolgreich an nationalen und internationalen Kunstwettbewerben teilgenommen. Fast immer haben sie dabei einen der vorderen Plätze belegt.
Diese Projekte haben den Kindern besonders viel Spaß gemacht, die Ergebnisse sehen wunderschön aus und zeigen, welch ein tolles, kreatives Team eine Klasse unter fachlicher Anleitung eines Pädagogen sein kann.
Weitere Kunstpreise im Bereich Zeichnen kamen hinzu.
Die schönste Herausforderung war die Teilnahme an einem internationalen Bilderbuchwettbewerb, an dem wir weltweit den ersten Platz belegten. Das Buch wurde im Kiga Fachverlag veröffentlicht und heißt: „Der Kleine Drache(n)“ – ein multikulturelles Kunstbilderbuch von Kindern für Kinder (2001)

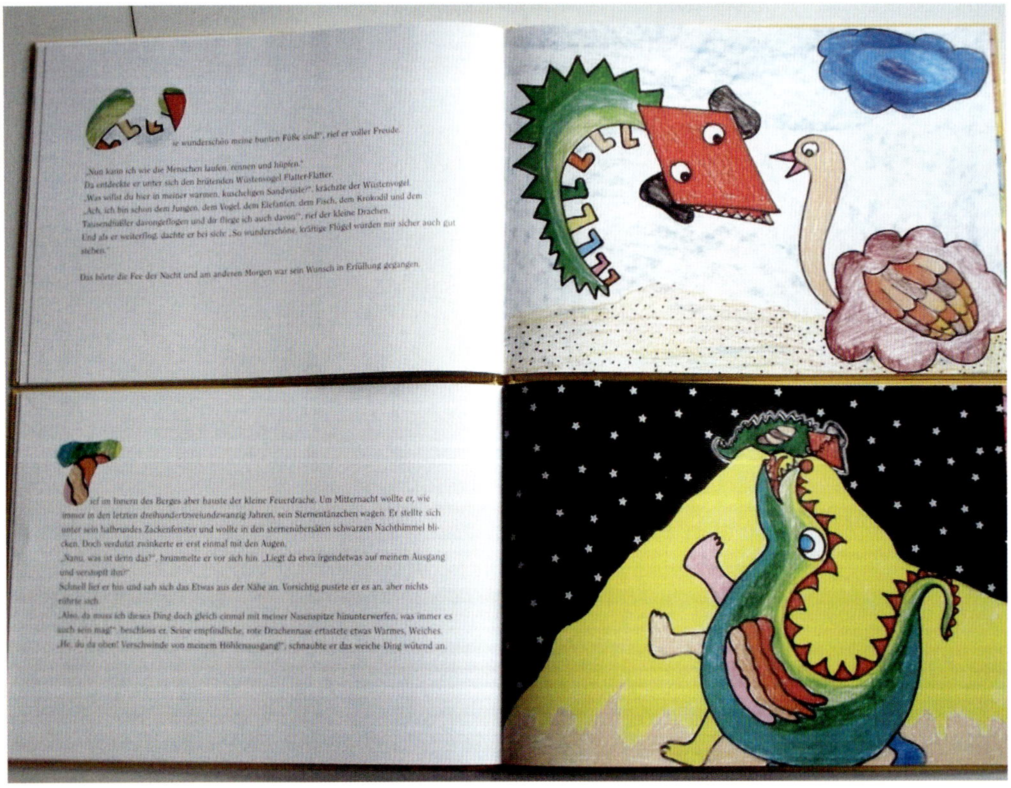

Riesenbriefmarke

**Thema der 42. Aktion „Brot für die Welt“: Auf eigenen Füßen stehen
Sonderpreis im Malwettbewerb für die Grundschulförderklasse Nürtingen**

Technik

Schneiden *Mehrfachschnitt*, Kleben

Material

Dunkelblaues Tonpapier, weißes Papier, Bleistift, Bunt- oder Filzstifte, Schere, Klebstoff, helle Wolle oder Schnur, evtl. Globusabbildung aus Katalog, Zackenschere, Schablone „Kinder“ (Blatt 16)

Und so wird's gemacht

1. Die Kinder legen 3 bis 5 Blätter weißes Papier aufeinander, legen eine Kinderschablone darauf und übertragen die Umrisse.
2. Sie schneiden die Kinder im Mehrfachschnitt aus.
3. Sie gestalten die Kinder farbig.
4. Anschließend durchschneiden sie die Verbindung der Arme mit den Hüften.
5. Für die vier Ecken der Briefmarke überlegen sich die Kinder Symbole für die verschiedenen Kontinente, malen sie auf und schneiden sie aus.
6. Sie schneiden entweder einen Globus aus einem Katalog aus oder gestalten selbst einen.
7. Sie legen die Kontinent-Symbole in die vier Ecken eines großen Tonpapierrechtecks, die Kinder ordnen sie am Rand an – mit den Köpfen zur Mitte und untergehakten Armen – und kleben die Teile auf.
8. In die Mitte der Riesen-Briefmarke kleben sie den Globus.
9. Sie spannen von jedem Kind einen Wollfaden zum Globus und kleben ihn auf.
10. Zum Schluss schneiden sie mit der Zackenschere vier Streifen aus weißem Papier.
11. Sie kleben die Zackenstreifen von hinten an die Ränder ihrer Briemarke.
12. In den Zackenrand schreiben die Kinder ihre Namen.

Das Handwerker-Rad

Thema der Handwerkskammer Stuttgart: Kinder malen Handwerk
1. Preis für die Grundschulförderklasse Nürtingen

Technik

Schneiden *Mehrfachschnitt*, Kleben

Material

Tonpapier, weißes Papier, Bleistift, Faden, Reißzwecke, Bunt- oder Filzstifte, Schere, Klebstoff, kleine reale Gegenstände, Schülerfotos, Musterklammer, Schablonen „Handwerker“ und „Textrahmen“ (Blatt 17)

Und so wird's gemacht

Vorbereitung:

1. Die Kinder zeichnen drei unterschiedlich große Kreise auf verschiedenfarbiges Tonpapier und schneiden sie aus (Maße ca.: 120 cm, 70 cm, 30 cm).

   Evtl. müssen für den großen Kreis 2 Bögen Tonpapier zusammengeklebt werden. Als Zeichenhilfe bietet sich ein Stift an, der an einen Faden geknotet wird. Der Faden wird in der Mitte mit einer Reißzwecke befestigt.

Außenkreis:

2. Die Kinder legen die Handwerkerschablonen auf weißes Papier und schneiden die Formen im Mehrfachschnitt aus.
3. Sie malen die verschiedenen Handwerker und Handwerkerinnen bunt an.
4. Sie legen die Figuren an den Rand des Außenkreises und kleben sie auf.
5. Sie suchen für die Handwerker kleine berufstypische Gegenstände aus und kleben sie auf die hochgehaltenen Hände.

Mittelkreis:

6. Die Kinder legen die Schablone für den Textrahmen auf weißes Papier und schneiden die Form im Mehrfachschnitt aus.
7. Sie dichten zu jedem Handwerk einen kleinen Vers und schreiben ihn in den Rahmen.
8. Sie legen die Texte an den Rand des Mittelkreises und kleben sie auf.

Innenkreis:

9. Die Kinder zeichnen mit Filzstift gebogene Linien für die Längen- und Breitengrade des Globus auf den Innenkreis.
10. Sie schneiden ihre Schülerfotos zurecht und kleben sie auf den Globus.

Fertigstellung:

11. Die Kinder legen alle drei Kreise der Größe nach aufeinander, stechen in der Mitte ein Loch durch und verbinden sie mit einer Musterklammer. So lassen sich alle Kreise unabhängig voneinander drehen.

Welcher Vers gehört zu welchem Handwerker?

Der Eulenbaum

Thema des Naturerlebnis-Wettbewerbs der Naturschutzjugend: Vögel in der Nacht 1. Preis für die Grundschulförderklasse Nürtingen

Technik

Schneiden *Mehrfachschnitt*, Kleben

Material

Tonpapier, helles Papier für den Untergrund (Tapetenrolle), Bleistift, Filzstift, Schere, Klebstoff, Kleister und Pinsel, Pappe oder Bierdeckel

Und so wird's gemacht

Baum:

1. Die Kinder schneiden aus braunem Tonpapier einen großen Baumstamm und Äste zu.
2. Sie kleben die Teile mit Kleister auf den Untergrund.
3. Mit Filzstiftstrichen strukturieren sie die Baumrinde.
4. Im Mehrfachschnitt schneiden sie unterschiedlich große Blätter aus.

Eulen:

5. Die Kinder bekleben Pappscheiben oder Bierdeckel mit braunem Tonpapier, Überstehendes schneiden sie ab.
6. Sie schneiden aus Papier Flügel, „Ohren“, Füße, Augen und einen spitzen Schnabel zu und befestigen sie mit Klebstoff am Körper der Eule.
7. Sie strukturieren mit Filzstift das Federkleid und zeichnen die Augen.

Fertigstellung:

8. Zum Schluss kleben die Kinder ihre Eulen und die Blätter in den Baum.
9. Sie gestalten noch eine schöne Blumenwiese am Fuße des Baumes.

Tipp

☺ Zum Strukturieren des Gefieders eignen sich im Anfangsunterricht große Buchstaben und Zahlen wie U, V, W oder ein auf dem Kopf stehendes A, M, N oder eine 1.
So gewinnen die Kinder mit viel Spaß „nebenbei“ mehr Sicherheit im Schreiben.

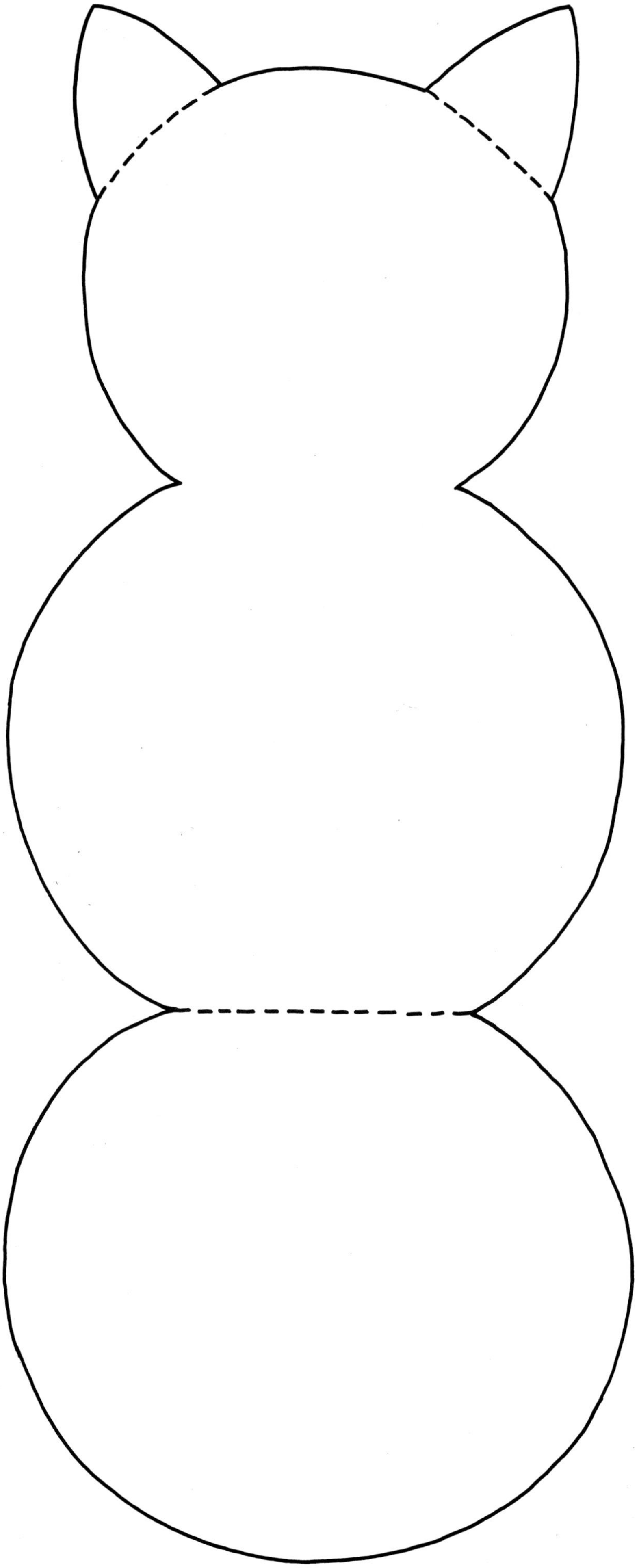

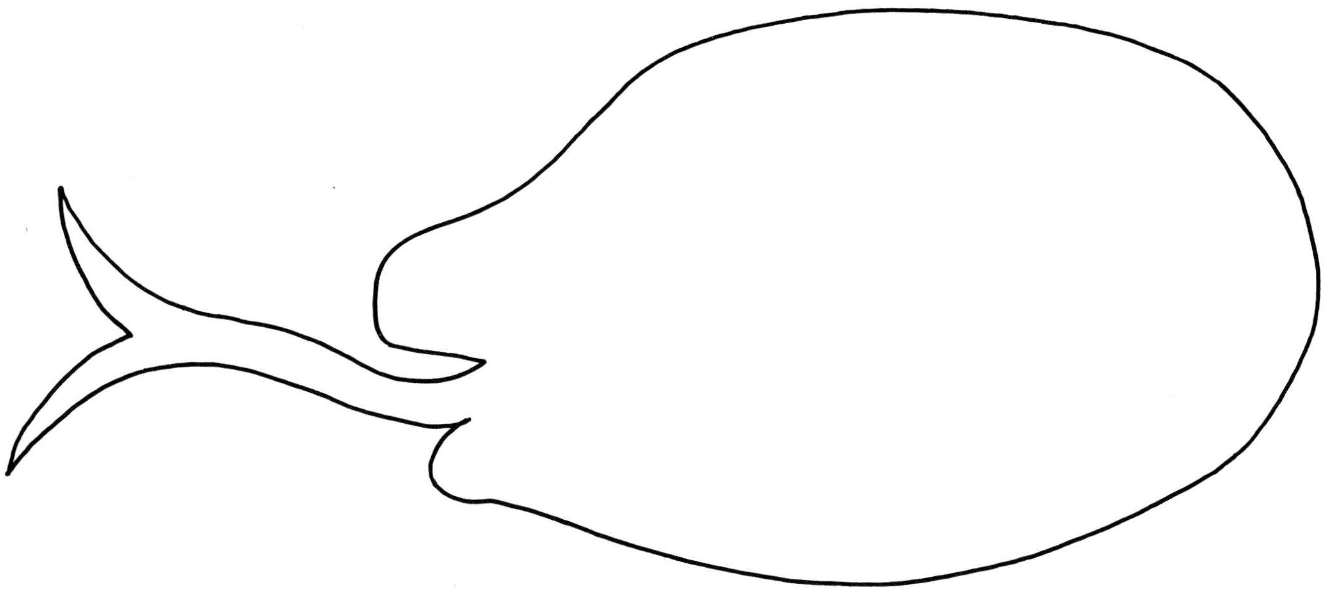

Auge
Schnabel
Flügel
Ohr
Fuß
Körper
Wolke

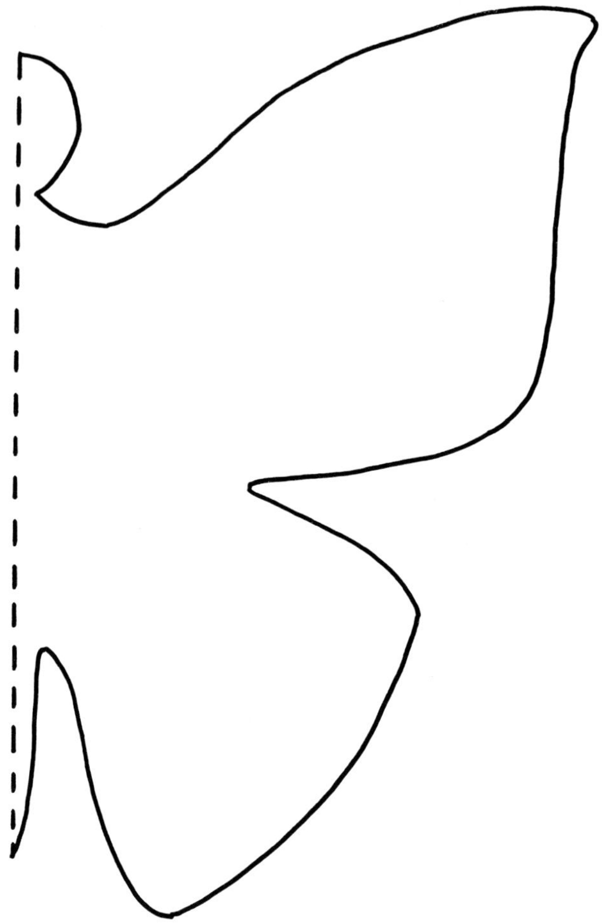

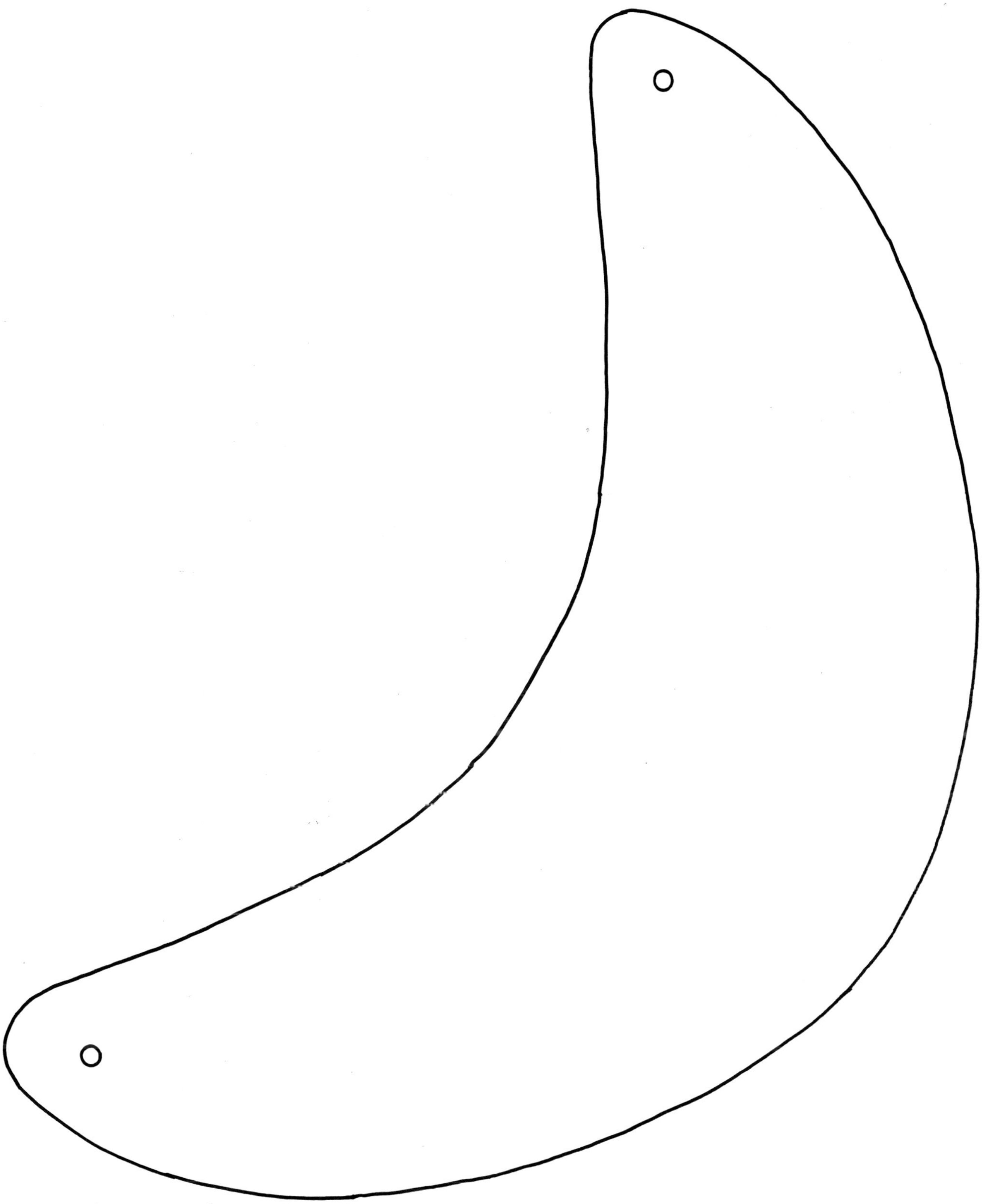

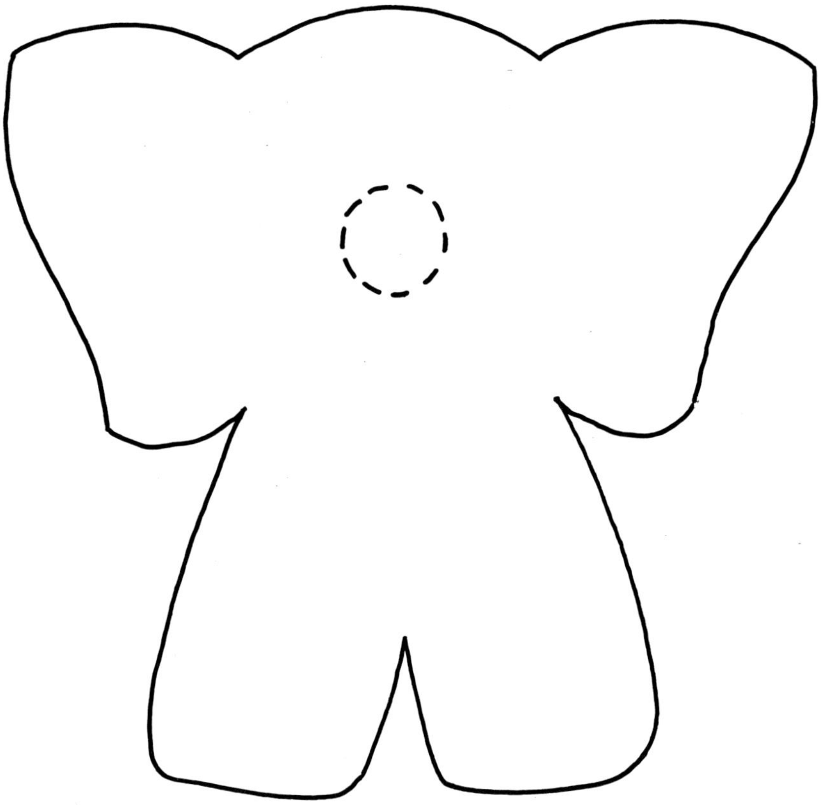

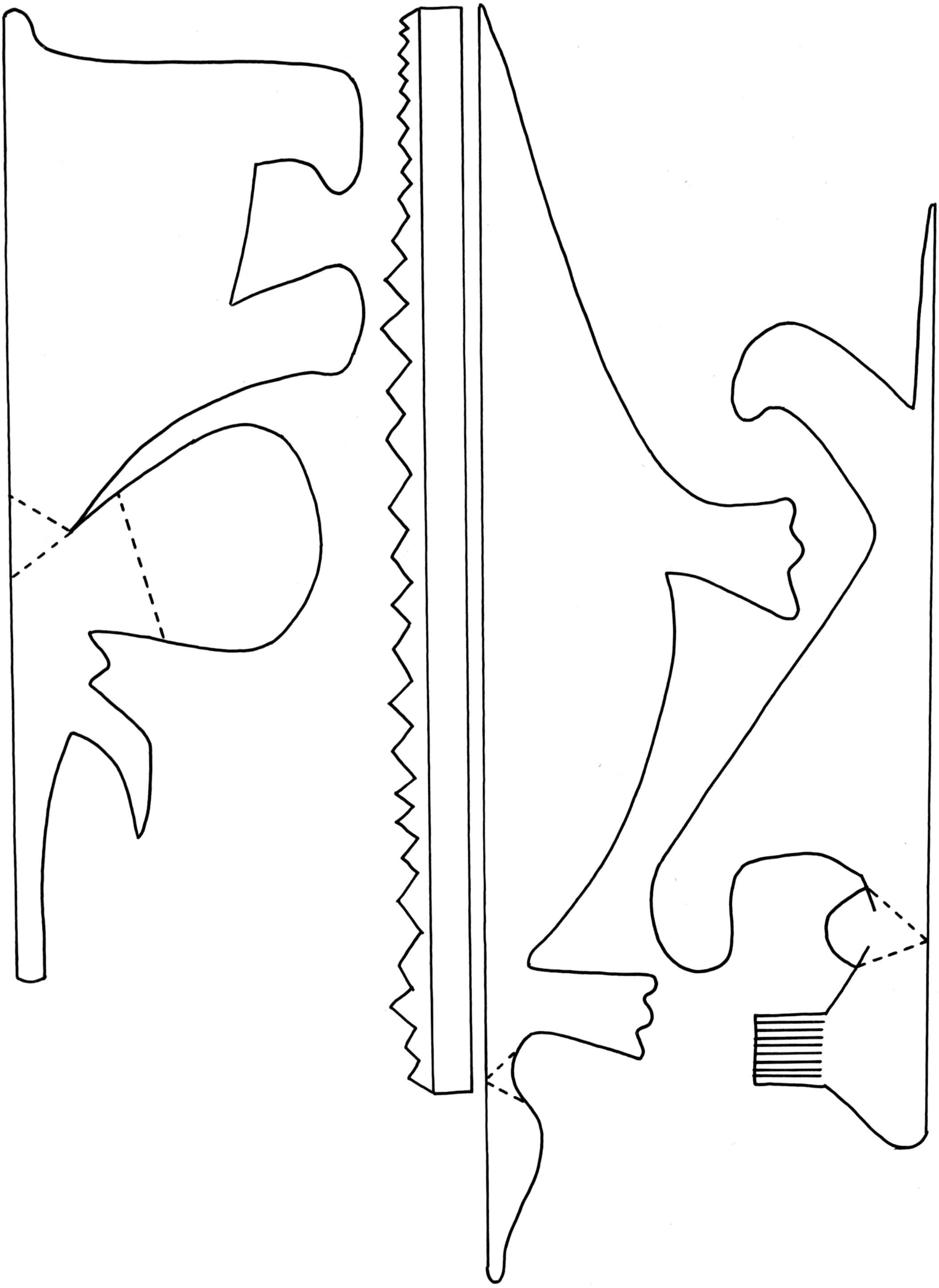

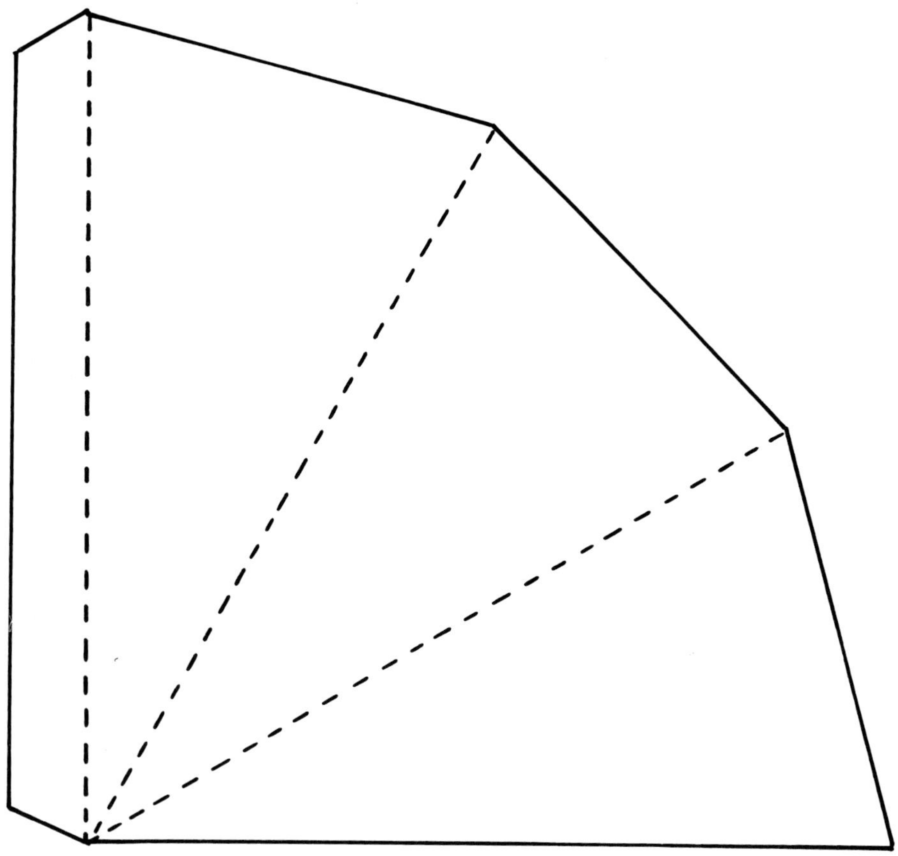

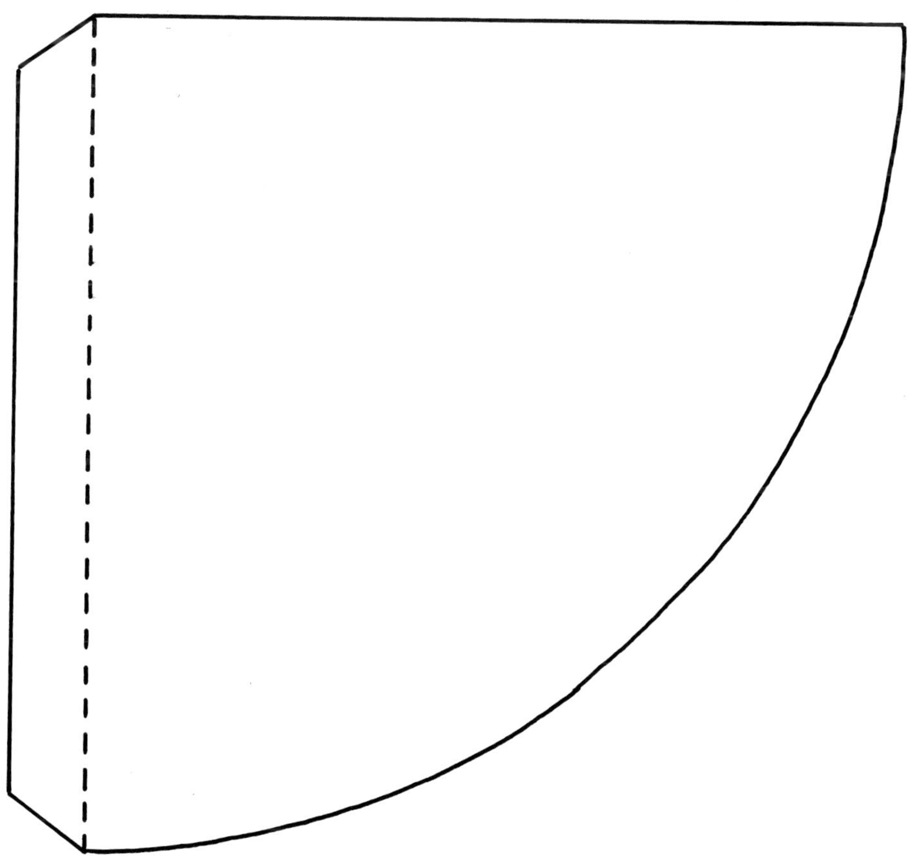

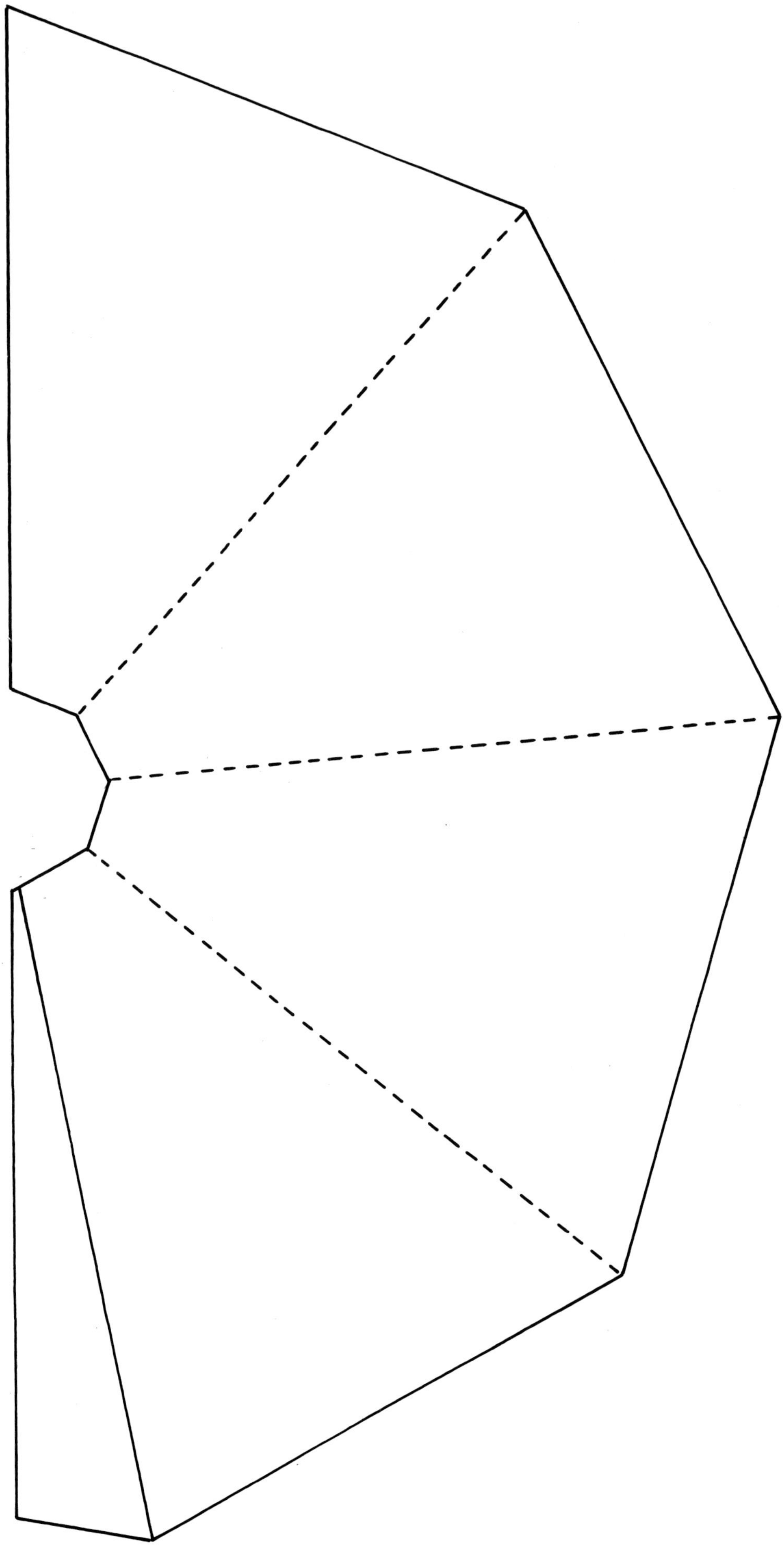

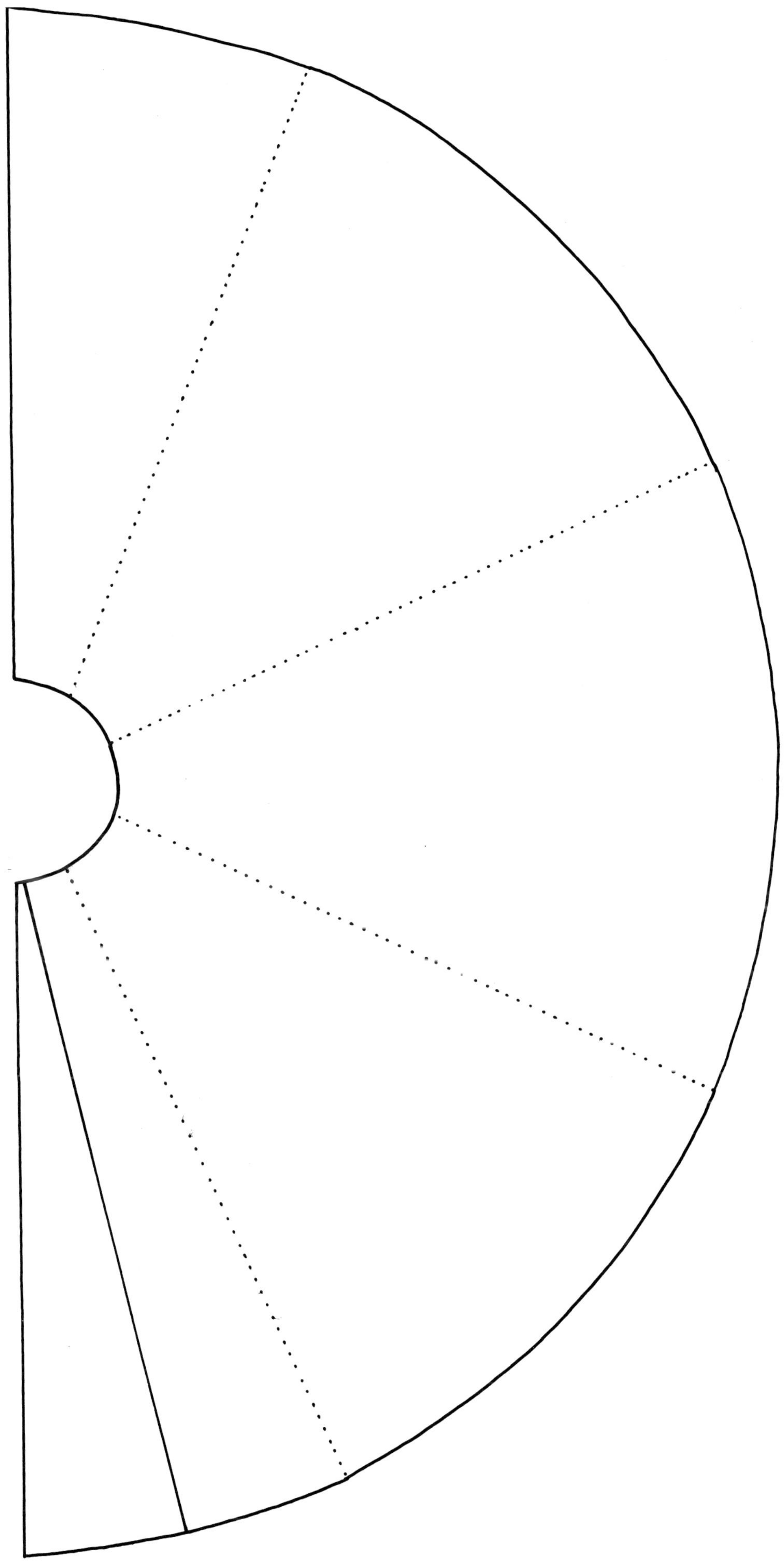

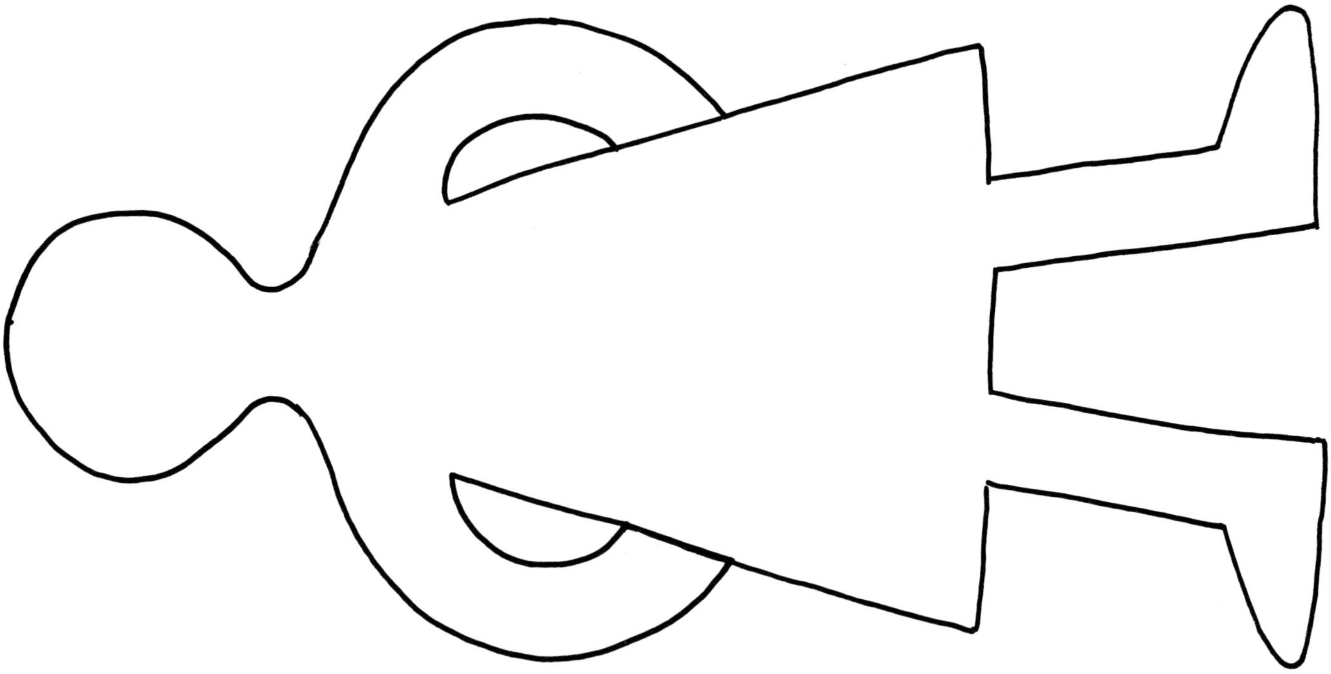

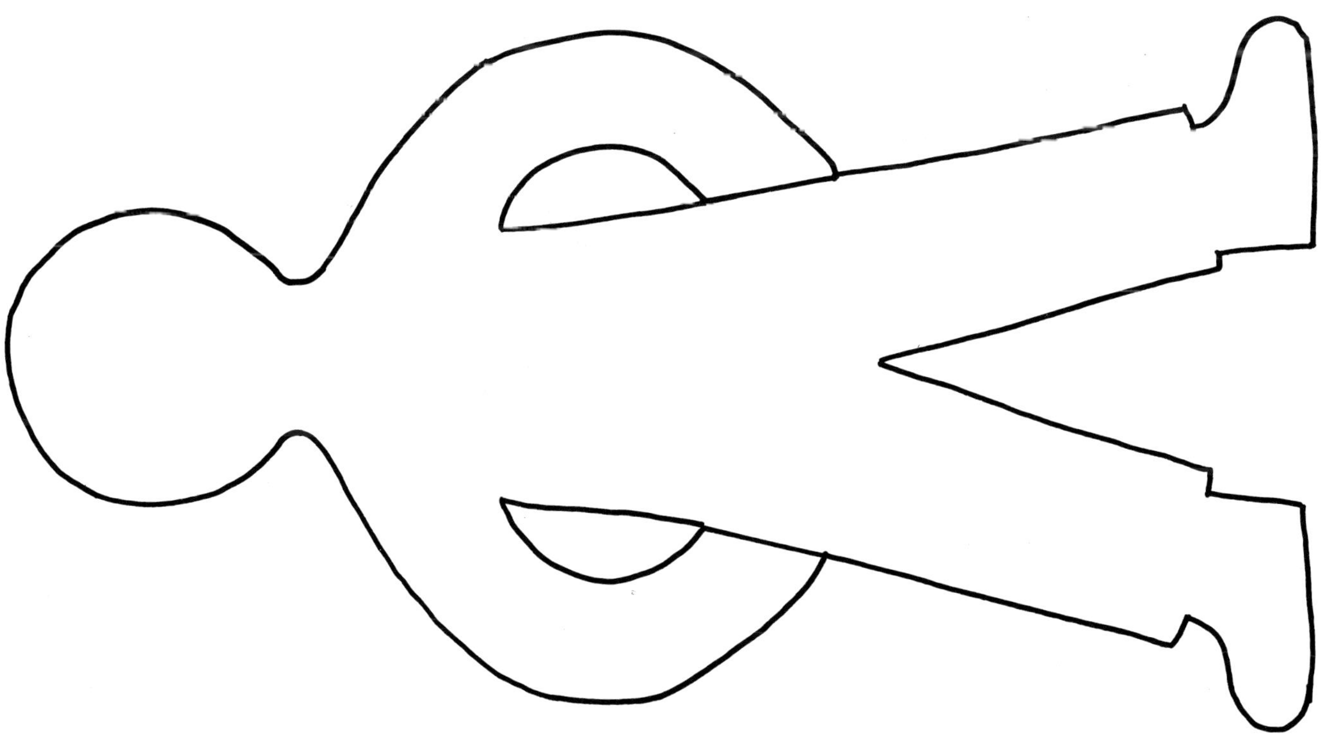

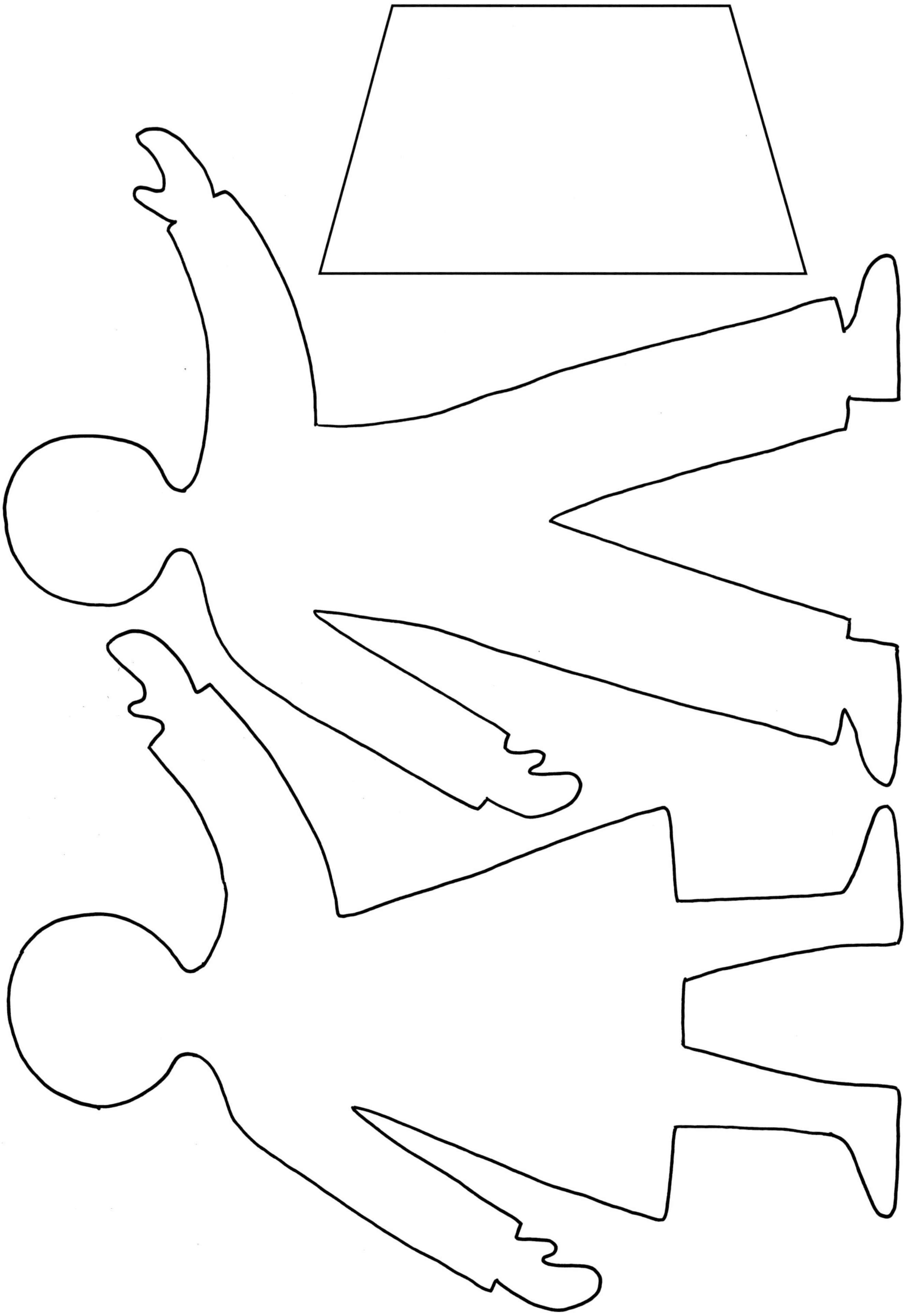

Urkunde

für ____________________

Herzlichen Glückwunsch!

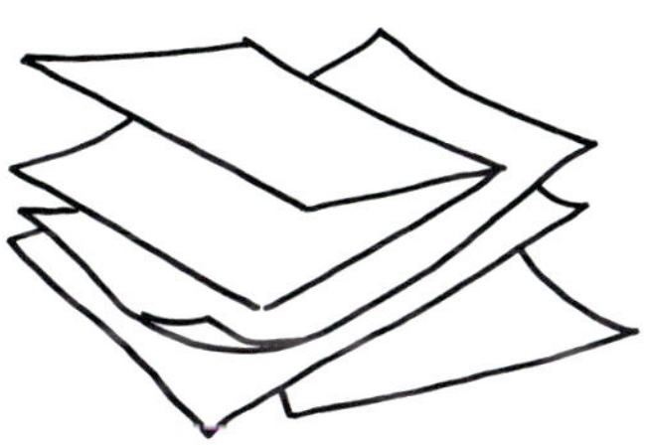

Du hast sachgerecht mit Papier, Schere und Klebstoff gearbeitet.

Du kannst schneiden, falten, kleben und vieles mehr.

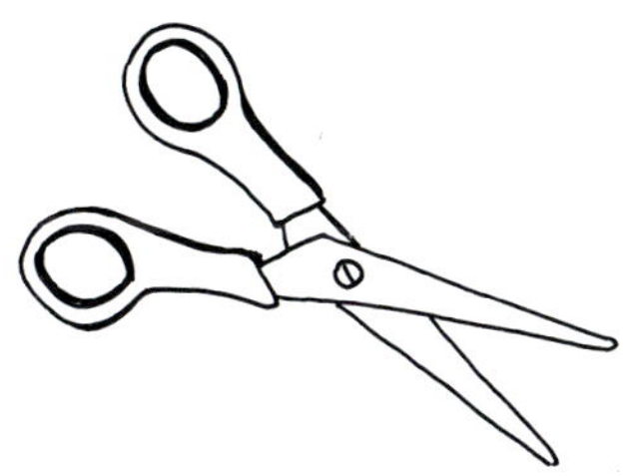

____

Unterschrift

Mit kleinen Bastelaufgaben zu größerer Fingerfertigkeit!

Im Anfangsunterricht der Grundschule sind die feinmotorischen Fertigkeiten der Kinder meist noch nicht gut ausgeprägt. Ob beim Schneiden, Falten oder Kleben – die Schülerinnen und Schüler brauchen viel Anleitung und Übung, bevor sie die **grundlegenden Fertigkeiten** sicher beherrschen.

Das Buch „**Schneiden, Falten & Kleben**" setzt bei diesen basalen Arbeitstechniken an. Es leitet die Kinder mit kleinen Spielen an, ihre Fingergeschicklichkeit zu trainieren. Daneben gibt es viele nützliche Tipps und Tricks für den richtigen Umgang mit der Schere. Die 66 kleinen Bastelaufgaben in unterschiedlichen Schwierigkeitsstufen bieten schließlich jede Menge **motivierendes Übungsmaterial**: Es wird nicht nur eifrig geschnitten, gefaltet und geklebt – es gibt auch Aufgaben zum Reißen, Knüllen, Rollen, Biegen, Tackern und mehr!

Und das Beste: Alle Arbeiten werden richtige **Hingucker**, die bei einer Ausstellung im Rahmen eines Klassen- oder Schulfestes bewundernde Blicke auf sich ziehen werden.

Bergedorfer Unterrichtsideen

Aus dem Inhalt

- Katze Kringelschwanz
- Reise zu den Wolken
- Drachenversammlung
- Alu-Raupe
- Kugel-Bäume
- Eier-Salat
- Muttertagsherz
- Finger-Elefant

PERSEN

Ihr direkter Draht zu PERSEN:
0 40/32 50 83-040
www.persen.de

ISBN 978-3-403-23304-6
9 783403 233046